中国古代教育智慧
ZHONGGUOGUDAIJIAOYUZHIHUI

家范
的教育智慧

漆宇勤 著

中国商业出版社

图书在版编目（CIP）数据

家范的教育智慧 / 漆宇勤著 . -- 北京：中国商业出版社，2018.7
ISBN 978-7-5208-0485-1

Ⅰ. ①家… Ⅱ. ①漆… Ⅲ. ①家庭道德—中国—北宋 ②《家范》—研究 Ⅳ. ① B823.1

中国版本图书馆 CIP 数据核字（2018）第 159058 号

责任编辑：王彦

中国商业出版社出版发行
010-63033100 www.c-cbook.com
（100053 北京广安门内报国寺 1 号）
新华书店经销
天津兴湘印务有限责任公司
* * * * *
710 毫米 ×1000 毫米　1/16 开　11.5 印张　110 千字
2018 年 12 月第 1 版　2018 年 12 月第 1 次印刷

定价：35.00 元
* * * * *
（如有印装质量问题可更换）

目 录

第一部分　司马光的教育思想 ……………………………… 1
　一、司马光生平简介 …………………………………………… 3
　二、司马光的教育思想 ………………………………………… 5

第二部分　《家范》的教育智慧 ……………………………… 9
　第一，亲情感化与家规强制相结合 …………………………… 11
　第二，修身、齐家与治国相结合 ……………………………… 12
　第三，实用性与理想性相结合 ………………………………… 12
　第四，语言明快，通俗易懂，易于传诵 ……………………… 13

第三部分　《家范》选编 ……………………………………… 15
　治家篇 …………………………………………………………… 17
　　故事：曾国藩修身治家 ……………………………………… 48
　祖　篇 …………………………………………………………… 53
　　故事：王氏家风 ……………………………………………… 63
　父母篇 …………………………………………………………… 69
　　故事：岳母刺字 ……………………………………………… 96
　子上篇 …………………………………………………………… 99
　　故事：缇萦救父 ……………………………………………… 132

子下篇 ··· 135
　　故事：单衣顺母 ································· 162
兄弟篇 ··· 166
　　故事：兄弟争死 ································· 172

第一部分 司马光的教育思想

一、司马光生平简介

司马光（1019—1086年），北宋时期著名政治家、史学家、散文家。出生于河南省光山县，字君实，号迂叟，世称"涑水先生"。司马光自幼嗜学，尤喜《春秋左氏传》。

宋仁宗宝元元年（1038年），司马光年方二十，中进士甲科。宋英宗继位前任谏议大夫，宋神宗熙宁初年拜翰林学士、御史中丞。北宋熙宁三年（1070年），司马光因反对王安石变法，出知永兴军。次年，判西京御史台，居洛阳十五年，专门从事《资治通鉴》的编撰。哲宗即位，还朝任职。元丰八年（1085年），任尚书左仆射兼门下侍郎，主持朝政，排斥新党，废止新法。数月后去世。追赠太师、温国公，谥文正，著作收在《司马文正公集》。

司马光

司马光著述颇多，其中最大的贡献，莫过于主持编写治理国之鉴书——《资治通鉴》。《资治通鉴》是我国最大的一部编年史，全书共二百九十四卷，通贯古今。作者把一千三百六十二年的史实，依时代先后，以年月为经，以史实为纬，顺序记写；对于重大历史事件的前因后果，与各方面的关联都交代得清清楚楚，使读者对史实的发展能够一目了然。

司马光还有一部齐家的书叫《家范》。

中国古代教育智慧

司马光

《家范》可以说是一本关于家庭伦理规范的总汇，其从"家"的角度阐发伦理道德，强调道德实践，主张从日常生活做起，不作空洞的说教。《家范》在引经据典的基础上，通过大量史实和有关传说、故事，为人们提供行为规范，因而都具有很强的可操作性，生动亲切，深入人心。《家范》堪称是一部中国古人修身齐家的典范作品。当然，其中有些内容在今天看来是不可取的，我们学习它，应该从中吸取有益的精华部分。

二、司马光的教育思想

在中国传统社会中，家庭一直占有特别重要的地位，它既是社会的最基层组织，也是对子女进行教育的第一课堂和最重要的基地。所以，中国自古以来一直很重视家庭教育。

司马光非常重视道德礼仪教育。他在《资治通鉴》卷一指出："何谓礼？纪纲是也。何谓分？君臣是也。何谓名？公侯卿大夫是也……是故天子统三公，三公率诸侯，诸侯制卿大夫，卿大夫治庶人。贵以临贱，贱以承贵。上之使下……下之事上……然后能上下相保而国家治安。"主张"治心以正，保躬以静，进退有义，得失有命，守道在己，成功则天"。要求人们采取敬德修命、安分守己的人生态度，遵守礼义原则，加强道德修养。

司马光像

他还把礼仪道德教育具体落实到家庭教育上。《家范》一书，就是以儒家经典论证"治国之本在于齐家"的道理，而且《家范》并不是仅仅讲如何治家的问题，司马光在《家范》卷首引用《大学》里的一段话来阐明他写《家范》的目的："欲治其国者，先齐其家；欲齐其家者，先修其身。心正而后身修，身修而后家齐，家齐而后国治，国治而后天下平。"司马光自己也说："所谓治国必先齐其家者，其家不可教而能教人者，无之。"古人把齐家和治国看得同等重要，甚至认为齐家是本，治国

中国古代教育智慧

司马光

是末,"本乱而末治"是不可能的。家都管不好,子弟都教育不好,怎么能出来教育别人呢?所以,司马光是把齐家提到治国的高度,来写《家范》的。所谓"圣人正家以正天下者也",同时广泛选取历代人物史事作为"轨范"、"仪型",具体阐述各项道德准则和治家的方法。《家范》既采集了《周易》《大学》《孝经》《礼经》《内则》及其他史传所述道德准则与相关事迹,又辅以司马光本人的论述。

该书首列《易·家人》卦辞,下设"治家"、"祖"、"父"、"母"等十卷,共十九篇,比较全面系统地论述了封建家庭伦理关系、治家方法、子弟的身心修养和为人处世之道。司马光引用孔子、石碏等关于君义、臣行、父慈、子孝、兄爱、弟敬、夫和、妻柔、姑慈、妇听等方面的论述,认为这些行为准则都是天经地义的。强调"礼"的重要性和男女之间的严格差别,即"治家者必以礼为先","夫治家莫如礼。男女之别,礼之大节也"。

他认为,父母最重要的工作是"以义方训其子,以礼德齐其家",而不是为子女"广营生计"、"遗之出畴"。做父亲的要做到"爱子而勿面,使之而勿貌,遵之以道而勿强言"。为父之道的关键是严教,绝不可狥简轻率。同时还强调"母教"的重要性,认为,"为人母者不患不慈,而患于知爱而不知教也","爱而不教,使沦于不肖,陷于大罪,入于刑辟,归于乱亡,非他人之败也,母败之也"。

司马光还认为,母教始于"胎教",并讲述了"胎教"的具体方法:"寝不侧,坐不边,立不跸,食不邪味,目不视邪色,耳不听淫声。"如果能做到这些,就能"生子形容端正,才艺博通"。

与此同时,司马光认为,做子女的重在行孝道,这是天经地义的。"五刑之属三千,而罪莫大于不孝","不爱其亲而爱他人之亲",就是"悖德"的行为。如果子女已行孝,而父母依旧不慈爱他们,那也不能埋怨父母,而要进一步反省自己。行孝至诚,才能赢得父母的怜爱。"父母有过",也只能"谏而不逆"。如果多次劝谏,父母依然不听,就只能"号泣而随之"。司马光认为:"君子之事亲也,居则致其敬,养则致其乐,病则致其忧,丧则致其哀,祭则致其严。"他还谆谆告诫人们,做子女的,侍奉父母稍有欠缺,即使做过许多好事,也不能掩盖其不孝的行为。

《家范》还认为,兄弟之间要恭敬友爱。如果"兄弟不睦,则子侄不爱。子侄不爱,则群从疏薄。群从疏薄,则童仆为仇敌。"

司马光画像

第二部分 《家范》的教育思想

《家范》的教育智慧

《家范》被历代推崇为家教的范本，该书系统地阐述了封建家庭的伦理关系、治家原则以及修身养性和为人处世之道。书中引用了许多儒家经典中的治家、修身格言，对我们颇有启发，还收集了大量历代治家有方的实例和典范，为后人树立了楷模。

教子图

作者这种以节录诸经治家之语为纲领，以搜集史事为例证，阐述封建大家庭的伦理关系、道德规范以及如何治家的方法，深受封建社会士大夫的推崇，被视为家庭必备的教育课本。全书节目备具，简明扼要，切于实用，并且其大旨归于义理，以敏德为行动之本，是维护封建伦理纲常、修身治家的规范。

具体而言，《家范》有以下特点：

第一，亲情感化与家规强制相结合

由于家训一般是在子孙幼小时进行的，所以父祖辈一般都倾注亲情，并根据孩子的特点、性格，循循善诱，熏陶感化。《家范》引《内则》说："子能食食，教以右手。能言，男唯女俞。男鞶革，女鞶丝。六年，教之数与方名。七年，男女不同席，不共食。八年，出入门户及即席饮食，必后长者，始教之让。九年，教之数日。十年，出就外傅，居宿于外，学书计。十有三年，学乐、诵诗、舞勺。成童，舞象，学射御。"《家范》强调"教子要

中国古代教育智慧

"孝"字的演化

在甲骨文中，"孝"字（第一个），好像一位面朝左、长着头发的驼背老人，身前一孩子，以头扶持着老人。也就是说大约在公元前11世纪的时候，华夏先民就已有了"孝"的观念。

有义方"。"君子之于子，爱之而勿面，使之而勿貌，遵之以道而勿强言；心虽爱之不形于外，常以严庄莅之，不以辞色悦之也。"

亲情感化对孩子的成长起着潜移默化的作用。但也有感化无效的时候，这时就必须采用一定的惩罚措施，把内在引导和外在管束相结合。即所谓"长幼内外，宜法肃辞严"。父母要像"严君"，在子女犯错误时，严格地按家法管束。

第二，修身、齐家与治国相结合

中国传统文化的显著特点，是家庭伦理、政治伦理与社会伦理三者的渗透相通。"修身、齐家、治国、平天下"，是家庭、国家、社会共有的最高理想。家庭教育与个人修持的最终目标就是成为"圣王"、"圣人"、"贤人"，做明君、贤臣、孝子、义夫、节妇，而这恰好也是齐家与治国的最高要求。儒家特别强调齐家与治国的密切联系，认为齐家是治国的必要前提。《家范》引《周易》《大学》《诗经》指出："父父、子子、兄兄、弟弟、夫夫、妇妇，而家道正。正家而天下定矣。"

"所谓治国必先齐其家者，其家不可教而能教人者无之。故君子不出家而成教于国。""宜其家人，而后可以教国人"，"治国在齐其家"。

第三，实用性与理想性相结合

历代家训都具有很强的实用性，所提要求非常切合儿童与少年的实际情况，贴近现实

《家范》的教育智慧

生活，容易操作和实践。《家范》不仅提出伦理规范，而且大量引用史实，介绍前贤事迹，既真实可信，又具有示范效应。可以说，《家范》涉及了家庭关系、个人修养、日常生活、为人处世、社会责任的方方面面，而其中又体现了儒家的家庭观、伦理观和人生观，体现了儒家治国的最高理想。这样，就使得人们把日常行为和"学为圣人"的人生目标自觉地结合起来，由小见大，循序渐进，始终不懈地用传统伦理道德来陶冶性情，变化气质，对于维护传统的社会政治秩序无疑起到了促进作用。

第四，语言明快，通俗易懂，易于传诵

《家范》以简洁的语言、朴实的文风，阐述了儒家伦理道德和治家的原则。在引述儒家经典的基础上，得出朴实明了的结论。同时又用各种生动具体的事例，来提供示范，加以说明，普通老百姓也能明白其含义。正是因为这部书所体现的价值观念与世俗社会相符，而且贴近生活，所以才能在民间广泛流传。

除上述这些特点外，这部书在子女家庭教育方面的许多思想和观点也值得后人借鉴。

首先，主张对孩子必须既知爱，更知教。爱而不教，必将使子孙"沦于不肖，陷于大罪，入于刑辟，归于乱亡"，"子孙虽愚，经书不可不读"。不能因为溺爱孩子而淡化对其知识和伦理道德的教育。

其次，认为应当重视周围环境和人事对子女教育的影响。《家范》引述了"孟母三

拜年

在以血缘关系为纽带、以家族生活为基本模式的中国传统社会里，讲究的是"长幼有序"，家长们平时都很威严。只有到了春节，在喜庆的氛围里，小辈们给长辈们行磕头礼，表示对尊长的敬重与祝福，长辈们则发给小辈们压岁钱，表示对小辈们的关心和爱护。

压岁钱的施与取，既表达了共度佳节、喜庆热闹的意思，也体现了"父慈子孝"、"尊尊亲亲"的传统伦理，是对家族血缘关系的确认和对传统伦理的强调。

中国古代教育智慧

玉牌——教子图

迁"等故事,说明环境对人的行为是"无言之教",具有潜移默化的作用。

再次,教育子女要有好的方法。父母必须言行端正,以身作则。教育孩子不能采用棍棒政策,动辄罚打,必须晓之以理,宽严适度。父母爱护孩子不应表现在为其购买良田华宅、为其提供优越的物质条件,最重要的是传给后代勤俭持家的美德以及丰富的为人处世的经验和知识。

最后,该书主张儿童教育必须注重志向、人品的修养。

第三部分 《家范》选编

治家篇

【原文】

《周易》：离下巽上。家人：利女贞。

彖曰：家人，女正位乎内，男正位乎外，男女正，天地之大义也。

家人有严君焉，父母之谓也。父父，子子，兄兄，弟弟，夫夫，妇妇，而家道正。正家而天下定矣。

象曰：风自火出，家人。君子以言有物而行有恒。

初九：闲有家，悔亡①。象曰：闲有家，志未变也。

六二：无攸遂，在中馈②，贞吉。象曰：六二之吉，顺以巽也。

九三：家人嗃嗃③，悔，厉，吉。妇子嘻嘻④，终吝。象曰：家人嗃嗃，未失也。妇子嘻嘻，失家节也。

六四：富家，大吉。象曰：富家大吉，顺在位也。

九五：王假有家，勿恤，吉。象曰：王假有家，交相爱也。

上九：有孚威如⑤，终吉。象曰：威如之吉，反身之谓也。

《大学》曰："古之欲明明德于天下者，

宋·纺车图（局部）

中国古代教育智慧

娥皇女英图

娥皇、女英,中国古代传说中尧的两个女儿,也称"皇英"。长曰娥皇,次曰女英,姐妹同嫁帝舜为妻。舜继尧位,娥皇女英之其妃,后舜至南方巡视,死于苍梧。二妃往寻,泪染青竹,竹上生斑,因称"潇湘竹"或"湘妃竹",二妃也死于湘江之间,后世称二女为"湘夫人"。

先治其国;欲治其国者,先齐其家;欲齐其家者,先修其身;欲修其身者,先正其心;欲正其心者,先诚其意;欲诚其意者,先致其知;致知在格物。物格而后知至,知至而后意诚,意诚而后心正,心正而后身修,身修而后家齐,家齐而后国治,国治而后天下平。自天子以至于庶人,一是皆以修身为本。其本乱而末治者否矣,其所厚者薄,而其所薄者厚,未之有也!"此谓知本,此谓知之至也。所谓治国必先齐其家者,其家不可教而能教人者,无之。故君子不出家而成教于国。孝者所以事君也,弟者所以事长也,慈爱者所以使众也。《诗》云:"桃之夭夭⑥,其叶蓁蓁。之子于归,宜其家人。"宜其家人,而后可以教国人。《诗》云:"宜兄宜弟。"宜兄宜弟,而后可以教国人。《诗》云:"其仪不忒⑦,正是四国。"其为父子,兄弟足法,而后民法之也。此谓治国在齐其家。

《孝经》曰:闺门之内具礼矣乎!严父,严兄。妻子臣妾,犹百姓徒役也。

昔四岳荐舜于尧,曰:"瞽子,父顽、母嚚、象傲。克谐以孝,烝烝乂,不格奸。"帝曰:"我其试哉!女于时,观厥刑于二女。"厘降⑧二女于妫汭,嫔于虞。帝曰:"钦哉!"

《诗》称文王之德曰:"刑于寡妻,至于兄弟,以御于家邦。"此皆圣人正家以正天下者也。降及后世,爰自卿士以至匹夫,亦有家行隆美⑨可为人法者,今采集以为《家范》。

【注释】
①悔亡：祸害消除。
②中馈：妻室。
③嗃嗃：严酷的样子。
④嘻嘻：欢笑的样子，喜悦的样子。
⑤威如：敬畏的样子。
⑥桃之夭夭：比喻事物的繁荣兴盛。也可形容逃跑。桃，谐音"逃"。
⑦忒：差错。
⑧厘降：指尧女嫁舜一事。
⑨隆美：兴盛美好。

【译文】
《周易》：离下巽上。家人卦：卜问妇女之事吉利。

"彖词"说：家人的爻象显示，六二阴爻居于内卦的中位，像妇女在内，以正道守其位，九五阳爻居于外卦的中位，像男人在外，以正道守其位，则是天地间的大义。一个家庭有尊严的家长，即父亲和母亲。

父亲要像个父亲，儿子要像个儿子，兄长要像个兄长，弟弟要像个弟弟，丈夫要像个丈夫，妻子要像个妻子，这样家道就端正了。如果都能正其家，天下也就安定了。

"象辞"说：家人卦外卦为巽，巽为风；内卦为离，离为火，内火外风，风助火势，火助风威，二者相辅相成，是家人的卦象。君子从这个卦象中悟到，言辞一定要有内容才不致于空洞，德行一定要持之以恒才能彰显。

尧嫁二女于舜

中国古代教育智慧

莫高窟耕作图（线描）

初九：防范家庭出现意外事故，没有悔恨。"象辞"说：防范家庭出现意外事故就是防患于未然。

六二：妇女在家里料理家务，安排膳食，没有失误，这是吉利之象。"象辞"说：六二爻辞之所以称吉利，是因为六二阴爻居九三阳爻之下，像妇人对男人顺从而有谦恭。

九三：贫困之家，众人嗷嗷待哺，这是愁苦的事情，但是假如能够辛勤劳作，就可以脱贫致富。而那些富贵之家，骄奢淫逸，妻妾儿女只知道嬉戏作乐，家道终将败落。"象辞"说：贫困之家，而能辛勤劳作，没有失掉正派的家风。富贵人家，一味嬉戏作乐，就会有失勤俭之道。

六四：富裕而幸福的家庭，大吉大利。"象辞"说：富裕而幸福的家庭大吉大利，因为六四阴爻居于九五阳爻之下，像家人和顺而各守其职。

九五：君王到家庙去祭祀祖先，不要忧虑，祖先福佑家人，凡事吉利。"象辞"说：君王到臣民之家，说明君臣相互爱护。

上九：君王掌握杀罚之柄，威风凛凛，权柄不移，终归吉利。"象辞"说：上九爻辞讲杀罚立威，终归吉利，因为君上能够反省己身，树立威望。

《大学》说："古代那些想在天下彰明德行的人，必须治理好他的国家；想要治理

· 20 ·

好国家，必须先要管理好家政；想管理好家政，必须先提高自己的修养；想要提高自己的修养，必须先端正自己的心；想要端正自己的心，必须先要有一个诚恳的态度；想要有诚恳的态度，必须先要有知识和才智；想获得知识就必须去探求事物的理。通过探求事物的理获得知识，有了知识就会产生诚恳的态度，有了诚恳的态度就会端正自己的心意，心意端正就能够提高自己的修养，提高了自己的修养就能够管理好自己的家，能够管理好自己的家就能够治理好国家，先治理好国家就能够平定整个天下。从天子到一般百姓，都要将提高自己的修养作为根本。本乱而未治是不可能的，想把本来应该厚实的东西用薄的来代替，而把本来应该薄的东西用厚的来代替，都是不可能的！"这才是抓住了事物的根本，这才是最高的知识和智慧。所谓想治理好国家必须先管理好自己的家，意思是说，连家都管理不好，而想去治理国家，这是不可能的。所以君子不出家门就教化了全国的人，这是因为在家里体现了子女要侍奉父母亲，弟弟要侍奉兄长，长辈对晚辈既要慈爱又要指使他们。《诗经》说："美丽的桃树啊，枝叶繁茂；妙龄女子出嫁到丈夫家，使其家庭和顺。"将家人治理得非常和谐，而后可以去教导国人。《诗经》说："宜兄宜弟。"自己的兄弟之间非常和睦，而后就可以去教导国人了。《诗经》说："其仪不忒，正是四国。"父亲处理与子女之间的关

《家范》的教育智慧

根雕——祖孙情

中国古代教育智慧

孝感动天——舜

系,也是兄弟之间处理关系的榜样。推而广之,成为全国民众足以效法的榜样。这就是治国先要能够齐家的道理。

《孝经》说:家虽小,但治理天下的方法都在其中了!侍奉父亲和兄长,对待妻子臣妾,就像对待百姓臣民一样,必须御之以道。

从前四方诸侯之长向尧推荐舜,说:"他是乐官瞽瞍的儿子。他父亲心术不正,他的后母说话不诚实,弟弟象傲慢而不友好,但是舜能和他们和睦相处,他用孝行美德来感化他们,又加强自身修养,不流于邪恶。"尧帝说:"让我试试他吧!我将两个女儿嫁给舜,通过两个女儿来观察舜的德行。"于是尧帝命令两个女儿下到妫水的转弯处,嫁给舜。尧帝说:"严肃认真地处理政务吧!"

《诗经》称赞文王的德行说:"周文王能以身作则,用礼法感化妻子和兄弟,进而来教化全国百姓,治理国家。"这都是古代的圣人先治理好家,然后再治理国家的典范。到后世,上至卿士下至一般百姓,也有许多在家里遵守礼法,而且可以成为别人学习榜样的人和事,现在将这些典范事例收集起来,编成这本《家范》。

《家范》的教育智慧

【原文】

卫石碏曰:"君义、臣行、父慈、子孝、兄爱、弟敬,所谓六顺也。"

齐晏婴曰:"君令臣共、父慈子孝、兄爱弟敬、夫和妻柔、姑慈妇听,礼也。"君令而不违,臣共而不二,父慈而教,子孝而箴,兄爱而友,弟敬而顺,夫和而义,妻柔而正,姑慈而从,妇听而婉,礼之善物也。

夫治家莫如礼。男女之别,礼之大节也,故治家者必以为先。《礼》:男女不杂坐,不同椸枷①,不同巾栉②,不亲授受;嫂叔不通问,诸母不漱裳;外言不入于梱③,内言不出于梱;女子许嫁,缨④。非有大故不入其门。姑姊妹、女子子,已嫁而反,兄弟弗与同席而坐,弗与同器而食。男女非有行媒⑤不相知名,非受币⑥不交不亲,故日月以告君,斋戒以告鬼神,为酒食以召乡党僚友,以厚其别也。

又,男女非祭非丧,不相授器。其相授,则女受以篚。其无篚⑦,则皆坐奠之,而后取之。外内不共井,不共湢浴⑧,不通寝席,不通乞假。男子入内,不啸不指;夜行以烛,无烛则止。女子出门,必拥蔽⑨其面;夜行以烛,无烛则止。道路,男子由右,女子由左。

又,子生七年,男女不同席,不共食。男子十年,出就外傅,居宿于外。女子十年不出。

又妇人送迎不出门,见兄弟不逾阈。

又,国君、夫人、父母在,则有归宁⑩。没,则使卿宁。

石碏

石碏(生卒年不详),春秋时卫国大夫,是卫国第一代国君卫康叔(周武王同母弟)的后代。石碏为国大义灭亲之事,被史学家左丘明在《左传》中记载下来,传颂至今。

中国古代教育智慧

归宁（剪纸）

【注释】

①椸枷：亦作"椸架"。衣架。

②巾栉：巾和梳篦。泛指盥洗用具。

③闱：妇女居住的地方，闱门，指妇女的居处。

④缨：彩带，古代女子许嫁时所佩。也可用以系香囊。

⑤行媒：往来作媒的人。

⑥受币：接受礼物。古时以束帛用于丧祭或为赠送宾客的礼物。

⑦筐：圆形的盛物竹器。

⑧湢浴：浴室。

⑨拥蔽：遮掩。

⑩归宁：回家省亲。多指已嫁女子回娘家看望父母。

【译文】

卫石碏说："君王仁义、臣下有品行、父亲慈祥、儿子孝顺、兄长爱护、弟弟恭敬，这就是人们常说的六顺。"

齐国人晏婴说："君主和善，臣子谦恭；父亲慈祥，儿子孝顺；兄长友爱，弟弟恭敬；丈夫温和，妻子柔顺；婆母慈善，媳妇听话，这就叫礼。"君主和善而又不违礼法，臣下忠君而没有二心，父亲对子女慈祥而且能够教育，子女对父母孝顺且能规劝其过错，兄长对弟弟爱护而且友善，弟弟对兄长敬重而又顺从，丈夫对妻子和气，妻子对丈夫温柔，婆母对媳妇慈祥，媳妇听命而又温婉，这一切是礼法中最规范的现象。治家最好的办法莫过于讲究礼法。

男女有别，是礼之大节，所以治家者必须以礼为先。《礼记》规定：男女不能在一起，不能共用衣架，不能共用毛巾和梳子，不能亲自传递和接受东西；嫂子与小叔不能互相往来问候；庶母不能洗非亲生孩子的衣裳；闺房外的话不能传入闺内，闺房内的话也不能传到闺外。女子订婚后，必须佩带香囊表示自己已有所归属。女子出嫁后，若不是家中发生大的事情，不能回娘家。姊妹、堂姊妹出嫁之后再回家，兄弟不能与她们同席而坐，也不能跟她们用同一个器皿吃饭。男女之间，不经媒人撮合，不能互通姓名而相好；没有接受彩礼不能成为姻亲，举行婚礼必须选择良辰吉日，必须斋戒和祭祀鬼神，同时还要设酒宴招待同乡朋友，以表示其隆重。

另外，男女之间，如果不是遇到祭祀或举行丧礼，不能相互传递用具。如果要相互传递，只能是男人把东西放进竹筐里递给女人，女人从竹筐里取。实在没有竹筐，就需要男人先把东西放在地上，而后女人跪下去取。内室女眷不能和外边的人取一口井里的水；不能使用同一个浴室；更不能在同一个炕上就寝；也不能相互借东西。男子如果要进入内室，不能啸叫，不能用手指指点点；夜里出入，要掌蜡

《家范》的教育智慧

悬丝诊脉

在过去"男女授受不亲"的年代，男医生通过"悬丝诊脉"来了解女患者的病情。

中国古代教育智慧

孔子拜师图

烛,没有蜡烛就要停止行动。女子出门,一定要用东西遮蔽住脸;夜里出入也要秉烛,没有蜡烛就要停止行动。在路上也有规矩:男子从右边走,女子从左边走。

另外,孩子长到七岁的时候,男女之间就不能在同一个炕席上就寝,也不能坐在一起吃饭了。这样是为了显示男女之间的区别。男孩子长到十岁的时候,就可以到外边去拜师傅学习,居宿在外边。女孩子即使到了十岁,也不能出去求学,永远都居住在内室里。

另外,妇人迎送客人不能走出门外,即使与自己的兄弟会面,也不能迈到门槛的外边。

另外,对于公主来说,如父皇和母后在世,那么出嫁之后要经常回家去看望父皇和母后;如果父皇和母后去世了,也应该派晚辈回去看望一下。对于一般百姓家的女子来说,如果父母在,则要时常回去看望父母;如果父母去世了,也要派晚辈回去看望娘家人。

【原文】

鲁公父文伯之母如①季氏,康子在其朝,与之言,弗应;从之及寝门,弗应而入。康子辞于朝而入见,曰:"肥也不得闻命,无乃罪乎?"曰:"寝门之内,妇人治其业焉,上下同之。夫外朝,子将业君之官职焉;内朝,子将庀②季氏之政焉,皆非吾所敢言也。"

公父文伯之母,季康子之从祖叔母也。康子往焉,闱门而与之言,皆不逾阈③。仲尼闻之,以为别于男女之礼矣。

【注释】

①如：去，往。

②厘：治理，办理。

③阈：门槛。

【译文】

鲁公父文伯的母亲是康子的从祖叔母，她到季氏那里造访的时候，康子正在朝中。康子和她说话，她不答应。康子跟着她来到内室的门口，她仍然不和康子搭话，只顾自己进入里边。康子觉得很奇怪，退朝后赶忙去拜见从祖叔母，说："适才我没有听到您的吩咐，莫非我有什么地方做错了吗？"从祖叔母回答道："在内室里边，是妇女们的事，上下都是这样。在外，你要履行国君交给你的公务；在内，你又要处理季氏家里的事务。这些皆不是我所能够过问的。"

公父文伯的母亲是季康子的从祖叔母。康子去看望她，她总是打开门和康子说话，从不迈出门限一步。孔子听说后，认为他们是认真遵守了男女有别的礼仪。

石奋

石奋（？—前124年），西汉河内郡温县人，官至太子太傅，其子建、庆等四人，皆官至二千石，景帝号石奋为"万石君"。

【原文】

汉万石君石奋，无文学，恭谨，举无与比。奋长子建、次甲、次乙、次庆，皆以驯行孝谨，官至二千石。于是景帝曰："石君及四子皆二千石，人臣尊宠乃举集其门。"故号奋为万石君。孝景季年，万石君以上大夫禄归老于家，子孙为小吏，来归谒，万石君必朝服见之，不名①。子孙有过失，不谯让②，为便坐，

中国古代教育智慧

石奋墓

对案不食。然后诸子相责,因长老肉袒③固谢罪,改之,乃许。子孙胜冠者在侧,虽燕必冠,申申④如也。僮仆欣欣⑤如也,唯谨。

其执丧⑥,哀戚甚。子孙遵教,亦如之。万石君家以孝谨闻乎郡国,虽齐、鲁诸儒质行,皆自以为不及也。建元二年,郎中令王臧以文学获罪皇太后。太后以为儒者文多质少,今万石君家不言而躬行,乃以长子建为郎中令,少子庆为内史。建老,白首,万石君尚无恙。每五日洗沐归谒亲,入子舍,窃问侍者,取亲中裙厕牏⑦,身自浣洒⑧,复与侍者,不敢令万石君知之,以为常。

万石君徙居陵里。内史庆醉归,入外门不下车。万石君闻之,不食。庆恐,肉袒谢罪,不许。举宗及兄建肉袒。万石君让曰:"内史贵人,入闾里⑨,里中长老皆走匿⑩,而内史坐车自如,固当!"乃谢罢庆。庆及诸子入里门,趋至家,万石君元朔五年卒。建哭泣哀思,杖乃能行。岁余,建亦死。诸子孙咸孝,然建最甚。

【注释】

①不名:不直呼其名,以示优礼或尊重。
②诮让:责问。
③肉袒:脱去上衣,裸露肢体(古人在祭

祀或谢罪时以此表示恭敬或惶恐）。

④申申：舒适安闲的样子。

⑤欣欣：高兴自得的样子。

⑥执丧：奉行丧礼或守孝之称。

⑦厕牏：便器。

⑧浣洒：洗涤，涤除。

⑨闾里：乡里。

⑩走匿：逃走躲避。

【译文】

　　汉朝的万石君石奋没有文化，但是他为人谦恭、谨慎，周围很少有人能和他相比。石奋的大儿子石建、二儿子石甲、三儿子石乙、四儿子石庆，都因为温顺孝悌、为人谨慎而官至两千石。于是汉景帝感叹道："石奋和他的四个儿子都是两千石，作为人臣的尊贵和荣宠竟然都集中在了他一个人门上。"所以将石奋称为"万石君"。孝景帝末年，万石君以上大夫的俸禄告老还乡。他的子孙们当的都是小官，回家去拜见万石君的时候，万石君总要穿上朝服来会见他们，而且从不叫他们的名字。如果子孙们犯了错误，万石君从不责备他们，只是坐在侧面的座位上，吃饭的时候对着桌子不吃饭。这样子孙就相互责备各自所犯的过失，然后求年岁大的人前去说情。子孙们跟在后边袒胸露背以表谢罪，立誓要改正错误。万石君这才同意原谅他们。那些已经成年的子孙们经常在万石君身边侍立，即便是休闲时也要戴着帽子，表现出舒和的气氛。家中的童子、仆人都

《家范》的教育智慧

汉景帝

　　汉景帝刘启（前188年—前141年），公元前157年—公元前141年在位，谥号"孝景皇帝"。安葬于阳陵。汉景帝在西汉历史上占有重要地位，他继承和发展了其父汉文帝的事业，与父亲一起开创了"文景之治"；又为儿子刘彻的"汉武盛世"奠定了基础，完成了从文帝到武帝的过渡。

中国古代教育智慧

汉武帝

汉武帝刘彻（前156年—前87年），幼名彘。中国历史上伟大的政治家、战略家、诗人。十六岁登基，在位五十四年，建立了西汉王朝最辉煌的功业之一。谥号"孝武"，后葬于茂陵，庙号"世宗"。

是毕恭毕敬，欣然从命的样子。

万石君操办丧事的时候，非常地哀痛悲伤。他的子孙们也都听从他的教导，也和他表现得一个样。万石君的家以孝顺和谦恭闻名于郡国，就连齐、鲁地区的一些儒者，也都自认为比不上。汉武帝建元二年，郎中令王臧因为写文章得罪了皇太后，皇太后就认为读书人知识虽然多，但是品质很差。而万石君家却因为默默地躬行礼法，为皇太后所称道，于是长子石建被提拔为郎中令，小儿子石庆被提拔为内史。石建已经老得头发都白了，可万石君却非常健康，没有一点病痛。石建非常孝顺，他每隔五天就回家去看望父亲。进入父亲的房间，小声向佣人打听父亲的身体情况，还亲自为父亲清洗内衣和便盆，洗干净后就悄悄交给佣人，不敢让父亲万石君知道。石建这样做已经成了习惯。

后来万石君迁徙到陵里居住。有一次，小儿子内史石庆喝醉了酒回来，已经进入了外门，还没有下车。万石君知道了这件事后，就又不吃饭，石庆非常害怕，袒胸露背向父亲请罪，万石君仍不原谅他。全宗族的人以及石庆的哥哥石建，都袒露胸背前来求告，万石君责备道："内史是身份显贵之人，进入里弄，连里中年岁大的人都要回避。可内史却一点礼法都不懂，坐在车上丝毫反应都没有。这当然要受到惩罚。"说完，他就让石庆下去。从此之后，石庆和其他几个哥哥一进入里门，就快步

· 30 ·

走进家。万石君于元朔五年去世。他的大儿子石建悲痛欲绝，拄着拐杖才能行走。过了一年，石建也去世了。万石君的子孙们一个个都很孝顺，但是做得最好的要数石建。

【原文】

樊重，字君云。世善农稼，好货殖①。重性温厚②，有法度，三世共财，子孙朝夕礼敬，常若公家。其营经产业，物无所弃；课役③童隶，各得其宜。故能上下戮力④，财利岁倍，乃至开广田土三百余顷。其所起庐舍⑤，皆重堂高阁，陂渠灌注。又池鱼牧畜，有求必给。

尝欲作器物，先种梓漆⑥，时人嗤之。然积以岁月，皆得其用。向之笑者，咸求假焉。赀至巨万，而赈赡⑦宗族，恩加乡闾。外孙何氏，兄弟争财，重耻之，以田二顷解其忿讼。县中称美，推为三老。

年八十余终，其素所假贷⑧人间数百万，遗令焚削⑨文契。债家闻者皆惭，争往偿之。诸子从敕，竟不肯受。

石奋墓简介

【注释】

①货殖：经商。
②温厚：温柔宽厚。
③课役：役使督促。
④戮力：通力合作。

南阳樊氏宗祠

⑤庐舍：房屋，住宅。
⑥梓漆：梓树与漆树。古代以为制琴瑟之材。
⑦赈赡：指以财物周济。
⑧假贷：借贷。
⑨焚削：销毁。

【译文】

樊重，字君云。他家世世代代都很擅长耕种庄稼，并且喜欢做生意。樊重性情温和厚道，做事情很讲究法度。他们家三代没有分家，财物共有，但子孙都相互礼敬，家里常常像官府一样讲究礼仪。樊重经营家里的产业，非常得法，一点损失浪费都没有；他使用仆人、佣工，能够人尽其用。所以家里能够上下同心戮力，财产和利润每年都成倍增长。以至于后来拥有田地三百余顷。樊重家所建造的房舍都是层楼高阁，四周有陂渠灌注。樊重家还养鱼、养牲畜，乡里有穷困紧急的人向他家求助，樊重一般都满足他们。

樊重曾经想制作器物，他就先种植梓树和漆树。当时的人们都对他的做法嗤之以鼻。但是在几年之后，梓树和漆树都派上了用场。过去那些耻笑他的人，现在返过来都向他借这些东西。樊重的钱财积累至成千上万，他便经常周济本家同族，施惠于乡里。樊重的外孙何氏兄弟之间为一些财产而争斗，樊重为他们的行为感到羞耻，索性送给他们两项田地，来解决他们兄弟之间相互愤恨,相互诉讼。本县的人都称道樊重的行为和品德,将他推为三老。

樊重在八十多岁的时候去世,他平素所借给别人的钱财多达数百万,他在遗嘱中安顿子女们将那些有关借贷的文书契约全部烧掉。向他借贷的那些人听说后都感到很惭愧,争先恐后地前去偿还。樊重的孩子们都谨遵父亲的遗嘱,一概不接受。

【原文】

南阳冯良,志行高洁,遇①妻子如君臣。

宋侍中谢弘微从叔混以刘毅党见诛,混妻晋阳公主改适琅邪王练。公主虽执意不行,而诏与谢氏离绝。公主以混家委之弘微。混仍世宰相,一门两封,田业十余处,童役千人,唯有二女,年并数岁。弘微经纪②生业,事若在公。一钱、尺帛,出入皆有文簿。宋武受命,晋阳公主降封东乡君,节义可嘉,听还谢氏。自混亡至是九年,而室宇修整,仓廪充盈,门徒不异平日。田畴垦辟有加于旧。东乡叹曰:"仆射生平重此一子,可谓知人,仆射为不亡矣。"中外亲姻、里党、故旧,见东乡之归者,入门莫不叹息,或为流涕,感弘微之义也。

弘微性严正③,举止必修礼度,婢仆之前不妄言笑,由是尊卑大小,敬之若神。及东乡君薨,遗财千万,园宅十余所,及会稽、吴兴、琅邪诸处。太傅安、司空琰时事业,奴僮犹数百人。公私或谓:室内资财,宜归二女;田宅僮仆应属弘微。弘微一物不取,自以私禄营

宋武帝

刘裕(363年—422年),字德舆,小名寄奴。南北朝时期宋朝的建立者,史称宋武帝。中国历史上杰出的政治家、卓越的军事家、统帅。

摴蒱图（画像石）

葬。混女夫殷睿素好摴蒱④，闻弘微不取财物，乃滥夺其妻妹及伯母两姑之分，以还戏责⑤。内人皆化弘微之让，一无所争。弘微舅子领军将军刘湛谓弘微曰："天下事宜有裁衷⑥，卿此不问，何以居官？"弘微笑而不答。或有讥以谢氏累世财产充殷，君一朝弃掷，譬弃物江海，以为廉耳？弘微曰："亲戚争财，为鄙之甚。今内人尚能无言，岂可道之使争！今分多共少不至有乏，身死之后，岂复见关！"

【注释】

①遇：对待，相待。
②经纪：料理，安排。
③严正：严肃正直，严肃正当。
④摴蒱：古代博戏。类似后代的掷骰子。
⑤戏责：赌债。
⑥裁衷：即裁断。

【译文】

南阳的冯良，品行高洁，他把自己和妻子的关系处理的如同君臣关系一样，十分讲究礼仪和规矩。

南朝宋侍中谢弘微的从叔谢混因为受刘毅一党的牵连，被处以死刑。谢混的妻子晋阳公主改嫁琅邪王练。公主虽然执意不肯离去，但皇上下诏要她离开谢家，并与谢家断绝关系。公主只好将谢混家的事情委托给谢弘

《家范》的教育智慧

微。谢混是当世宰相,一门两封,家里拥有田业十多处,童仆杂役上千人,唯独有两个女孩子,年纪都才几岁。谢弘微经营谢混家的生意和产业如同给公家办事一样秉公执法,即使是一分钱、一尺帛,进出都有账目。宋武帝登基后,晋阳公主被降封为东乡君,因为她颇守大节义理,受到人们的称赞,因此朝廷允许她再重新回到谢家。从谢混死到现在已有九年,但谢家的房宇仍然修整一新,仓库里的粮食放得满满的,家里的佣人杂役仍像以前一样多,而且耕种、开垦的田地比过去都多。东乡君感叹地说:"仆射平生很看重弘微,他可以称得上了解人啊,仆射虽死,但香火不灭。"远近亲戚、邻里、故交看到东乡君归来后的情景,没有不叹息的,有的甚至被感动得痛哭流涕。大家都在感叹谢弘微的仁义。

刘裕像

弘微的秉性非常严谨正直,举止行动都十分讲究礼法。他在奴婢仆人的面前不随便说笑,因此家里从上到下都对他非常尊敬。东乡君去世之后,留下的财产成千上万,另有庄园、宅第十余所,遍布会稽、吴兴、琅邪等地。到太傅安、司空琰的时候,谢混家经营产业的奴仆童役仍然有数百人之多。当时社会上有舆论认为,谢混家的财产,室内的钱财应归谢混的两个女儿所有,其余的田宅童仆应当属于弘微。然而,谢弘微连一件东西都没有拿,连给东乡君举行葬礼的开销都是用自己的俸禄支付的。谢混的一个女婿叫殷睿,平时爱好博

中国古代教育智慧

休妻

戏（赌博），听说谢弘微不动谢混家的财产，他便大肆侵夺属于妻妹和伯母两姑名下的那些财产，用来偿还博戏的欠债。家里的人都忍让他，谢弘微更是一无所争。弘微的妻弟领军将军刘湛对谢弘微说："天下的任何事情都要有一个正确的裁决，你连这件不公平的家事都不去过问，又怎么可以去做官呢？"谢弘微却只笑不答。有的人讽刺谢弘微说，谢家祖祖辈辈传下来的财产非常多，可是却在一时间就全部抛弃了，就好像扔到了大海里一样，但谢弘微竟然还以为这样做是廉洁呢，岂不是傻瓜！但谢弘微却说："亲戚之间争夺财产，是最让人瞧不起的，现在连家里的女人们都能够不说话，我怎么可以引导他们去争斗呢？眼下财产或多或少，但还不至于匮乏，等到死了之后，又怎么能分得清财产是谁的呢？"

【原文】

刘君良，瀛州乐寿人，累世同居，兄弟至四从①，皆如同气②。尺布斗粟，相与共之。隋末，天下大饥，盗贼群起，君良妻欲其异居，乃密取庭树鸟雏交置巢中，于是群鸟大相与斗，举家怪之。妻乃说君良，曰："今天下大乱，争斗之秋，群鸟尚不能聚居，而况人乎？"君良以为然，遂相与析居③。月余，君良乃知其谋，夜揽妻发，骂曰："破家贼，乃汝耶！"悉召兄弟，哭而告之，立逐④其妻，复聚居如初。乡里依之，以避盗贼，号曰义成堡。宅有六院，共一厨。子弟数十人，皆以礼法，

《家范》的教育智慧

贞观六年，诏旌表⑤其门。

【注释】

①四从：指有四代堂房亲族。从，堂房亲属。

②同气：有血缘关系的亲属，此指同胞兄弟。

③析居：分开住，分家。

④逐：驱逐，这里指休妻。

⑤旌表：封建时代由官府立牌坊、赐匾额，对遵守封建礼教的人加以表彰。

牌坊

【译文】

刘君良，瀛州乐寿人。他们家好几代都同在一个大家庭中居住，即使是四从的兄弟，也和同胞兄弟一样亲密和气。哪怕是一尺布，一斗米，大家都是共同享有。隋朝末年，天下发生了大的饥荒，强盗贼寇非常多，刘君良的妻子想要自己分开居住，于是她想了一个办法，将庭院里一棵树上的两个小鸟调换鸟巢放置。这样一来，两窝鸟就打了起来。刘君良一家人都觉得很奇怪，刘君良的妻子于是对丈夫说："现在天下大乱，到处都在争斗，连鸟都不能在一起安居，更何况人呢？"刘君良认为妻子说的对，就与兄弟们分开来生活。过了一个多月，刘君良明白了妻子原先的计谋，便在晚上揪住妻子的头发骂道："破家贼就是你！"他把兄弟们都招呼来，哭泣着把分家的真实原因告诉了大家，立刻将他的妻子休回家，众兄弟又像开始那样聚居在一起。乡里的人都依靠他

中国古代教育智慧

唐高宗李治

唐高宗李治（628年—683年），字为善。贞观五年（631年）封晋王。十七年立为太子，二十三年即位。高宗即位后纳武则天为昭仪，在永徽六年立武氏为皇后。晚年政务由武则天得以逐渐掌握。从此武则天成为掌握实权的统治者，高宗处于大权旁落的地位。高宗去世后，葬于乾陵。

们，以防备盗贼。刘君良的大家庭被称做"义成堡"。他们的住宅共有六个院落，但只有一个厨房。刘君良的子侄辈合起来有数十人之多，但都能以礼相待。贞观六年，唐太宗颁布诏令，旌表刘家。

【原文】

张公艺，郓州寿张人，九世同居，北齐、隋、唐，皆旌表其门。麟德中，高宗封泰山，过寿张，幸①其宅，召见公艺，问所以能睦族之道。

公艺请纸笔以对，乃书"忍"字百余以进。其意以为宗族所以不协，由尊长衣食，或者不均；卑幼礼节，或有不备。更相②责望③，遂成乖争④。苟能相与忍之，则常睦雍⑤矣。

【注释】

①幸：旧指皇帝亲临。
②更相：相继，相互。
③责望：责怪抱怨。
④乖争：纷争。
⑤睦雍：亲密和好。

【译文】

张公艺是唐代郓州寿张人，他家九代聚居，北齐、隋朝、唐朝都表彰过他的家族。麟德年间，唐高宗到泰山封禅，经过寿张时，驾临张公艺家。高宗召见张公艺，问他家能够和睦相处的方法。

张公艺拿来纸笔，在纸上写了一百多个"忍"字进呈给高宗皇帝。他的意思是说，有的家族之所以不能和睦协调地相处，或者是因为家长分派衣食不公平；或者是因为上下尊卑的礼节有疏漏。这样，家庭内部互相责备，产生怨恨，便形成了矛盾和争斗。倘若家人都能够互相忍让，那么家族成员就能和睦相处了，整个家族也能长盛不衰。

【原文】

唐河东节度使柳公绰，在公卿间最名。有家法。中门东有小斋，自非朝谒①之日，每平旦辄出，至小斋，诸子仲郢等皆束带②。晨省于中门之北。公绰决公私事，接宾客，与弟公权及群从弟再食，自旦至暮，不离小斋。烛至，则以次命子弟一人执经史立烛前，躬读一过毕，乃讲议居官治家之法。或论文，或听琴，至人定钟，然后归寝，诸子复昏定于中门之北。凡二十余年，未尝一日变易。其遇饥岁，则诸子皆蔬食，曰："昔吾兄弟侍先君为丹州刺史，以学业未成不听食肉，吾不敢忘也。"

姑姊妹侄有孤嫠③者，鬯疏远，必为择婿嫁之，皆用刻木妆奁，缬④文绢为资装⑤。常言，必待资装丰备，何如嫁不失时。及公绰卒，仲郢一遵其法。

国朝公卿能守先法久而不衰者，唯故李相昉家。子孙数世二百余口，犹同居共㸑⑥。田园邸舍所收及有官者俸禄，皆聚之一库，计口日给饼饭，婚姻丧葬所费皆有常数。分命子弟掌其事，其规模大抵出于翰林学士宗谔所制也。

《家范》的教育智慧

柳公绰

柳公绰（763年—830年），字宽，小字起之，京兆华原人。举贤良方正，直言极谏。武元衡节度剑南，与裴度俱为判官，召为吏部郎中。元和初，进太医箴，迁御史中丞，历六镇。性耿介，为文不尚浮靡。所取士如许康佐、郑朗、卢简辞等，皆知名贵显。太和中，终兵部尚书。

中国古代教育智慧

柳公权

柳公权（778年—865年），字诚悬，唐朝京兆华原人，官至太子太师，世称"柳少师"。因曾被皇帝封为河东郡公，因此后人也称他"柳河东"。他是颜真卿的后继者，后世以"颜柳"并称他们，成为历代书法的楷模。

【注释】

①朝谒：入朝觐见。
②束带：指整饰衣冠。
③孤嫠：孤儿寡妇。
④缬：有花纹的丝织品。
⑤资装：嫁妆。
⑥爨：炉灶，一种土、陶制的厨房炉子。

【译文】

唐朝河东节度使柳公绰在公卿士大夫间最为知名。他家家法很严。中门的东边有个小书斋，只要不是朝见皇帝的日子，他每天清晨准时到小斋去，仲郢等子女都整装束带地站在中门之北向他问早安。柳公绰从早到晚不管是处理公事还是私事，以及接待宾客、和弟弟公权及堂弟们进食就餐，从早晨到晚上都不离开小书斋。掌灯以后，就依次叫子弟们捧着经史之书站在灯前，亲自朗读一遍，然后开始讲解做官治家的方法。公绰或谈论文章，或聆听弹琴，直到深夜方才回到卧室睡觉，这时子女们又站在中门之北向他道晚安。这样坚持了二十多年，从未改变过。如果遇到饥荒年月，子女们就以蔬菜为食，公绰对他们说："先前我们兄弟侍奉父亲丹州刺史，因为学业未成，不让吃肉，我至今也不敢忘记。"

堂姊妹中若有丧夫守寡的，即使是关系非常疏远的，公绰也要为她们选择夫婿，准备嫁妆，那些嫁妆都是木刻镜匣以及染花的丝织品。公绰还常常说：与其一定要等待嫁妆丰厚完备，还不如及时出嫁。等到公绰去世后，儿子仲郢完全遵守家法，按父亲的做法治家。

在当朝的公卿之中，能够坚持遵守古代礼法的，只有太宗时的宰相李昉。他家好几代的子孙约有二百多口，但仍然没有分家，还在一起吃饭。家里田园房产的所有收入，以及家里做官者的俸禄，都交回家里统一管理。平时按人口分配饭食，婚嫁丧葬的开支都有规定。选派家中子弟掌管这些事情。李家大家庭的规模大概已超过了翰林学士宗谔家的规模。

慕利延折箭

【原文】

夫人爪之利，不及虎豹；膂力①之强，不及熊罴；奔走之疾，不及麋鹿；飞飏之高，不及燕雀。苟非群聚以御外患，则反为异类食矣。是故圣人教之以礼，使之知父子兄弟之亲。人知爱其父，则知爱其兄弟矣；爱其祖，则知爱其宗族矣。如枝叶之附于根干，手足之系于身首，不可离也。岂徒使其粲然条理以为荣观哉？乃实欲更相依庇，以捍外患也。

吐谷浑阿豺有子二十人，病且死，谓曰："汝等各奉吾一支箭，将玩之。"俄而②命母弟慕利延曰："汝取一支箭折之。"慕利延折之。又曰："汝取十九支箭折之。"慕利延不能折。阿豺曰："汝曹③知否？单者易折，众者难摧。戮力一心，然后社稷可固。"言终而死。彼戎狄也，犹知宗族相保以为强，况华夏乎？

中国古代教育智慧

周厉王

周厉王（？—前828年），姬姓，名胡。他在位期间，横征暴敛，加重了对劳动人民的剥削，同时还剥夺了一些贵族的权力，任用荣夷为卿士，实行"专利"，将社会财富和资源垄断起来。因此招致了贵族和平民的不满。他还不断南征荆楚，西北方面又防御游牧部落，西北戎狄，特别是猃狁，不时入侵。与周边的少数民族也有矛盾。曾臣服于周的东南淮夷不堪承受压榨，奋起反抗。"国人暴动"后逃出镐京，越过黄河，逃到周朝边境一彘（今山西霍县东北）。周共和十四年（前828年）死，谥号"厉王"。

圣人知一族不足以独立也，故又为之甥舅、婚媾④、姻娅⑤以辅之。犹惧其未也，故又爱养百姓以卫之。故爱亲者，所以爱其身也；爱民者，所以爱其亲也。如是则其身安若泰山，寿如箕翼⑥，他人安得而侮之哉！故自古圣贤，未有不先亲其九族，然后能施及他人者也。彼愚者则不然，弃其九族，远其兄弟，欲以专利其身。殊不知身既孤，人斯戕之矣，于利何有哉？昔周厉王弃其九族，诗人刺之曰："怀德惟宁，宗子惟城；毋俾城坏，毋独斯畏；苟为独居，斯可畏矣。"

宋昭公将去⑦群公子，乐豫曰："不可。公族，公室之枝叶也。若去之则本根无所庇荫矣。葛藟⑧犹能庇其根本，故君子以为比，况国君乎？此谚所谓庇焉，而纵寻斧焉者也，必不可君。其图之，亲之以德，皆股肱也。谁敢携贰⑨！若之何去之？"昭公不听，果及于乱。

华亥欲代其兄合比为右师，谮⑩于平公而逐之。左师曰："汝亥也，必亡。汝丧而宗室，于人何有？人亦于汝何有？"既而，华亥果亡。

【注释】

①膂力：体力，力气。

②俄而：不久，顷刻。也作"俄尔"。

③汝曹：你们。

④婚媾：婚姻，嫁娶。

⑤姻娅：亲家和连襟，泛指姻亲。也作"姻亚"。

⑥箕翼：分别指箕宿和翼宿，为二十八宿

之一。

⑦去：除去，去掉。

⑧葛藟：植物名。又称"千岁藟"。落叶木质藤本。叶广卵形，夏季开花，圆锥花序，果实黑色，可入药。

⑨携贰：指离心，有二心。

⑩谮：无中生有地说人坏话。

【译文】

人的爪牙再锋利，也比不上虎豹；力量再强大，也比不上熊罴；跑得再快，也比不上麋鹿；飞得再高，也不及燕雀。如果不是靠大家的力量来抵御外患，就会被其他动物吞食。因此贤德之人教给人们礼法，告诉人们父子兄弟应该相亲相爱。一个人如果爱戴他的父亲，就同样会爱他的兄弟；热爱他的祖宗，就同样会爱他的宗族。人与自己家族的关系，就如同枝叶依附于根干，手脚长在身体上，不可分离。哪里只是为了壮观和秩序井然以达到表面上的荣耀呢？实在是希望互相保护，抵御外敌啊。

吐谷浑阿豺有二十个儿子，他患病快死的时候对儿子们说："你们各拿一支箭给我，我要玩个游戏。"一会儿对弟弟慕利延说："你拿一支箭来折断它。"慕利延折断了，阿豺又说："你去拿十九支箭来，将其折断。"慕利延却不能折断。这时阿豺对儿子们说："你们知道吗？一支箭很容易折断，众多的箭在一起，就难以折断，只要你们戮力同心，国家就

一箭易折，众箭难断

周厉王

可以稳固。"说完就死了。阿豻是戎狄之人，尚且知道宗族互相保护才能够强大的道理，何况我们是中原内地的人呢？

古代的贤德之人知道仅仅自己和本宗族的人力量太单薄，所以又用甥舅关系、婚姻关系来做为辅助。即便如此，仍觉得不够，所以又爱护和抚育百姓，让百姓来做为自己的护卫。由此看来，爱护自己的亲戚，就等于是在爱护自己；爱护天下的民众，就等于是在爱护自己的亲戚。如果能这样，那么自己就会安如泰山，永无危殆。别人怎么能够侵犯、侮辱你呢？所以，自古以来的圣贤之人，都是先和睦自己的本族远亲，然后再去保护天下的百姓。那些愚蠢的人就不一样了，他们抛弃本族和亲戚，与自己的兄弟们疏远关系，一心想自己独得利益。却不知道你一旦孤立无援，别人就会来戕害你，最终能得到什么利益呢？从前，周厉王抛弃九族，当时的人们写诗来讽刺他："君王广施仁德国家才会安宁啊，宗族子弟是王室的坚强护卫。不要损坏自己的护卫啊，不要独任其力。如果什么事都自己独断专行，这样实在是太可怕了！"

宋昭公将要去掉群公子，乐豫说："不能这样做，整个公族好比是公室的枝叶，如果去掉这些枝叶，那么公室这个树根就没有庇护了。连葛藟这种植物都懂得去庇护它的根，所以君子都用葛藟来比喻做人的道理，何况国君呢？这个谚语说的是国君要用本宗族做为辅

《家范》的教育智慧

弼,如同根要用枝叶来庇护它一样。如果你用斧子砍掉这些枝叶,那么你一定不能当好国君。对待本家公族,应当用仁德来亲近他们,这样他们就都会成为你强有力的辅佐。天下有谁敢对你有贰心呢?为什么要去掉他们呢?"昭公不听乐豫的话,果然导致了国家的大乱。

华亥想取代他的兄长合比成为右师,便到平公那里去说合比的坏话,让平公把合比赶走。左师说:"你这个华亥呀,早晚必定要灭亡!你削弱你的同宗本族,对别人会怎么样呢?别人又会对你怎么样呢?"过了不久,华亥果然死了。

【原文】

孔子曰:"不爱其亲而爱他人者,谓之悖德;不敬其亲而敬他人者,谓之悖礼。以顺则逆,民无则焉,不在于善,而皆在于凶。德虽得之,君子不贵①也。故欲爱其身而弃其宗族,乌②在其能爱身也?"

【注释】

①贵:崇尚,重视。
②乌:怎么。

【译文】

孔子说:"不爱自己的亲人却去爱别人,这就是违反道德;不敬重自己的亲人而敬重别人,这就是违反礼法。君王教育百姓尊从父母,自己却违反道德礼法,这样百姓就会无所适从。凡是不敬重自己的父母,一味地违背道德礼法的人,即使再讲究德行,君子也不会去

孔子

孔子(前551年—前479年),名丘,字仲尼,春秋时期鲁国人,孔子是春秋末期的政治家、思想家、教育家。他还是儒家学派的创始人,世界十大思想家之一,有"万世师表"之称。

中国古代教育智慧

汉文帝

汉文帝刘恒（前202年—前157年），谥号"孝文帝"。初被立为代王。惠帝死后，吕后立非正统的少帝。吕后死后，吕产、吕禄企图发动政变夺取帝位。刘恒在周勃、陈平支持下诛灭了诸吕势力，登上皇帝宝座。他在位期间，继续执行与民休息和轻徭薄赋的政策，使得他在位的二十三年成为汉朝从国家初定走向繁荣昌盛的过渡时期，与汉景帝并列为"文景之治"。后葬于灞陵，庙号太宗。

敬重他。一个人想爱护自己，却抛弃自己的宗族，那又怎么能够做到爱护自己呢？"

【原文】

孔子曰："均无贫，和无寡，安无倾。"善为家者，尽其所有而均之，虽粝食①不饱，敝衣不完，人无怨矣。夫怨之所生，生于自私及有厚薄也。

【注释】

①粝食：粗恶的饭食。

【译文】

孔子说："家里的财产分配均匀，就没有人贫穷；家里的人能够和睦相处，大家就会团结在一起；家人相安无事，家庭就不会有祸害。"善于治家的人，将所有财产都平均分配，即使是每天吃粗茶淡饭、穿破旧衣服，甚至吃不饱穿不暖，人们也不会有怨恨产生。怨恨之所以产生，是因为家长自私自利而且对待别人不公平。

【原文】

汉世谚曰："一尺布尚可缝，一斗粟尚可舂①。"言尺布可缝而共衣，斗粟可舂而共食。讥文帝以天下之富，不能容其弟也。

【注释】

①舂：把东西放在石臼或钵里捣去皮壳或捣碎。

【译文】

汉代有一句谚语说："一尺布尚可缝，

《家范》的教育智慧

一斗粟尚可舂。"意思是说即使天下仅有一尺布，也还可以把它缝制成衣服，大家一起来穿；即使天下仅有一斗谷粟，也还可以做好了大家一起来吃。这句谚语是用来讥讽汉文帝拥有整个天下，却不能容纳他的亲兄弟。

【原文】

梁中书侍郎裴子野，家贫，妻子①常苦饥寒。中表②贫乏者，皆收养之。

时逢水旱，以二石米为薄粥，仅得遍焉，躬自③同之，曾无厌色。此得睦族之道者也。

【注释】

①妻子：妻子和儿女。

②中表：古代称父之姐妹所生子女为外兄弟姐妹，称母之姐妹所生子女为内兄弟姐妹。外为表，内为中，合而称之"中表"。

③躬自：自己，亲自。

【译文】

梁代中书侍郎裴子野，家里很穷，妻子儿女经常被饥寒交迫所苦。裴子野把没有饭吃的表弟表妹都收养在家。

当时正碰上水旱灾害，裴子野家用二石米煮成很稀的粥，家里人多，一人只能吃一碗，裴子野和大家一样只吃一碗，没有一点不堪忍受的表情。裴子野这种做法可以称得上是懂得与家族和睦相处的道理了。

裴子野

裴子野（469年—530年），字几原，祖籍河东闻喜（今山西闻喜县）。南朝梁著名史学家、文学家。其一生著述，除《宋略》外，尚有《集注丧服》《续裴氏家传》《众僧传》《百官九品》《附益谥法》和《裴子野文集》，但均佚失。曾草创《齐梁春秋》，未就。

中国古代教育智慧

曾国藩

曾国藩（1811年—1872年），初名子城，字伯函，号涤生，湖南湘乡人。清朝军事家、理学家、政治家、书法家和文学家，晚清散文"湘乡派"创立人。官至两江总督、直隶总督、武英殿大学士，封一等毅勇侯。同治十一年（1872年）在南京病逝。朝廷赠太傅，谥号"文正"。

【故事】

曾国藩修身治家

自古以来，多少贤臣良将治国济世堪称奇才高手，而治家却少方无能。然而被清代称为"中兴第一臣"的曾国藩，治家教子都被公认为中华第一能人。那时天下风云变幻，几番改朝换代，可曾家始终保持了谨严的家风，名人辈出，延续五代不衰。

曾国藩一共有三个儿子、五个女儿。长子曾纪泽是中国近代著名的外交家；小儿子曾纪鸿是清代著名的数学家，孙辈曾广钧是曾家的第二个进士，二十三岁中进士入翰林，是翰林院中最年轻的一位；孙女曾广珊是著名女诗人，她的儿子就是国民党国防部长俞大维；后面的直系第四代、第五代（一共一百四十多位）都是非常出色、非常优秀的，大部分都在学术、科技、文化上很有成就。如曾约农，英国伦敦大学理科工程科学士，台湾东海大学校长；曾宝荪，英国伦敦大学理科学士，省立第一女师校长。曾国藩的家书里也提到："不求代代都富贵，但求代代出秀才。"再如曾国荃的玄孙女曾宪植，是我党领袖叶剑英的夫人，早年投身革命，解放后任全国妇联副主席，她的儿子叶选宁，中将军衔，现在广州。另外曾昭抡是原高教部的副部长，著名的化学家。曾昭权，美国麻省理工大学电机工程学士，湖南大学电机系主任、教授等等。俗话说一个家

《家范》的教育智慧

族"富不过三代",但曾氏后裔历经一百余年而不衰,这与其严谨的家训家教都是紧密相连的。自古以来,家庭教育就是一个大问题,儒家人生信条中把"齐家"放在"治国、平天下"的前面,就很说明这个问题的重要性。曾国藩从封建传统文化中寻找根据,经过自己的理解、消化,独创一套家教理论和方法,对子孙温言细语,不厌其烦,言传身教,谆谆诱导,最终获得完全的成功。

治家。曾国藩认为,"绝大学问,即在家庭日用之间。"因而他十分重视治家之法,即使在戎马倥偬甚至生死未卜之际,也不忘写信回家,语重心长,谆谆告诫,体现了他"怜子如何不丈夫"儒雅的一面,确是十分难得。曾门家风,以"八本三致祥"为里,以"耕读"、"勤俭"、"和睦"、"敦厚"等家教为表,构筑了百年家族长盛不衰的坚固堤防,也为今人提供了堪为典范的家教蓝本。八本是:"读书以训诂为本,作诗文以声调为本,事亲以得欢心为本,养生以少恼怒为本,立身以不妄言为本,居家以不晏起为本,做官以不爱钱为本,行军以不扰民为本。"三致祥是:孝致祥、勤致祥、恕致祥。曾国藩的祖父星冈公教人,则是"八字"、"三不信"。"八字"是早、扫、考、宝、书、蔬、鱼、猪。早,起早,早起三期,可当一工;扫,扫屋,清洁之家,人丁健康;考,祖先祭祀;宝,即睦邻,人待人,无价之宝;书,即读书,读书

曾纪泽

曾纪泽(1839年—1890年),清末著名外交家,湖南湘乡人。曾国藩长子,"少负俊才",1878年充出使英法大臣,补太常寺少卿,转大理寺。1890年病卒,加太子少保,谥号"慧敏"。遗著编为《曾慧敏公全集》。

中国古代教育智慧

曾纪鸿

曾纪鸿（1848年—1881年），字栗诚，曾国藩次子，著有《对数评解》《圜率考真图解》《粟布演草》等数学专著传世。他是中国近代著名的数学家。

方为明理之君子；蔬，种蔬菜，蔬菜茂盛之家，类步兴旺；鱼，养鱼，鱼跃于池，亦有一种生机；猪，喂猪，庖有肥肉，养老待客。这八字家规，是由曾国藩的祖父曾星冈制定、曾国藩最后定稿的，而且曾国藩终生履行。他带兵作战，惯例是吃完早饭才天亮，他每天都跟幕僚们一道吃早饭，既融洽了感情，又借此考勤。早起的习惯终生没有改变。"三不信"是不信医药，不信僧巫，不信地仙。曾国藩的家世，可谓"耕读传家"。"耕"代表耕作，广义的"耕"指要有一种谋生的职业，"读"代表读书，还包括广义的学习。

曾国藩提出的治家"十大箴规"堪称家道不衰的猛剂良方，是可为今人借鉴取法。即"子弟贤否，四分由于家教"、"居家之道，不可多留余财"、"不可轻慢族亲与近邻"、"官宦子弟，以不干涉公事为第一义"、"唯有遗泽于后人"等。富厚堂藏书楼的三十万卷藏书是曾国藩给子孙后代的无价之宝。

勤俭孝友。曾国藩最终要教诲子女的，只是普普通通八个字"不忮不求，勤俭孝友"，这八字，看似简单，实则甚难。"勤"指勤奋，"俭"指节俭，"孝"即孝敬，"友"即友好和睦。他历观许多大家族之兴衰，得出"一家之兴，一国之盛，舍勤俭二字而不能"，"千古圣贤豪杰，不外勤字"。他教导子女"不可浪掷光阴"。关于俭，他自己堪称楷模，但他主张"节俭不可流于刻薄"。关

《家范》的教育智慧

于孝,他的"八本"家训其中一条就是"事亲以得欢心为本"、孝当以"得欢心"为要,得出"孝敬之家,必获吉祥。"交友,"择交是人生第一要事","一生成败,与朋贤否有关"。曾国藩把朋友分为"戚友"、"益友"、"挚友"、"良友"、"损友"等多种。认为"引人向上是良好",做好了不求报答能成"久友",并告诫子弟"待友要宽,律己要严"、"与人为善,修好事不求报答"、"对师友应有敬畏之心"等等。

为人处事。曾国藩说为人之道有"四知",做什么样的人全由自己作主,切忌"早享大名"、少年得志。他还主张做人宜"厚重"、"拙诚",建功业,写文章,修身养家,都离不开倔强。历尽磨难而成功的曾国藩对子弟说:"天下事有所贪有所利,而成者居其半,有所激有所邀而成者居半。"他在处事上主张:"无论大小难易,皆宜有始有终"。教导子弟既要有高远目标,博大胸襟,又要脚踏实地,不拒繁细,做事专注,方能有成,面对不测,泰然处之。

修养。曾国藩以文人领兵,毕其十年之功最终打败百倍于己的太平天国,是其气胜,也即修养方面强。曾国藩告诫子孙:"富贵功名,皆人世浮荣,惟胸怀浩大是真正受用,谨慎更是通往幸福之路。"他主张"恬淡胸怀,善待人生"、"节制欲望,知易行难"、"控制怒气,如同降龙伏虎"、"处相怨者,最见

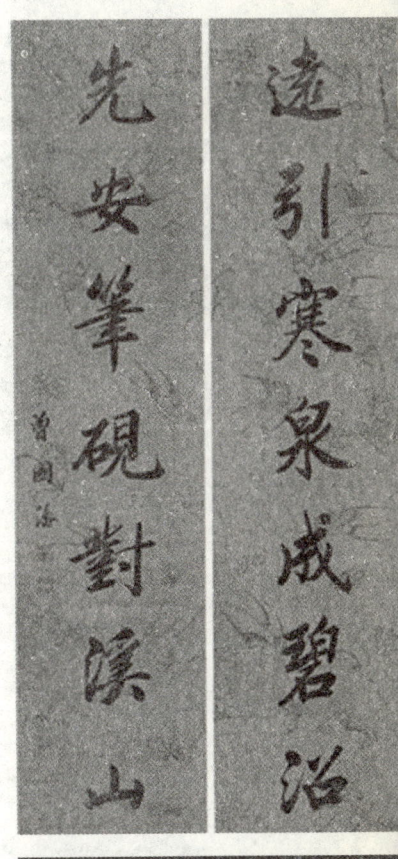

曾国藩书法

中国古代教育智慧

曾国藩故居一隅

度量。"

　　无庸置疑,曾国藩之所以花这么大气力治家教子,根本目的还是为了维护封建统治,培养"修身、齐家、治国、平天下"的"有用之才",但他成功的治家教子之法还是很值得今天的人们借鉴和深思的。

《家范》的教育智慧

祖 篇

【原文】

为人祖者，莫不思利其后世。然果能利之者，鲜矣。何以言之？今之为后世谋者，不过广营生计以遗之。田畴连阡陌，邸肆①跨坊曲，粟麦盈囷仓，金帛充箧笥②，慊慊然求之犹未足，施施然自以为子子孙孙累世用之莫能尽也。然不知以义方训其子，以礼法齐其家。自于数十年中勤身苦体以聚之，而子孙于时岁之间奢靡游荡以散之，反笑其祖考之愚不知自娱，又怨其吝啬，无恩于我，而厉虐之也。始则欺绐③攘窃④，以充其欲；不足，则立券举债于人，候其死而偿之。

观其意，惟患其考之寿也。甚者至于有疾不疗，阴行鸩毒，亦有之矣。然则向之所以利后世者，适足以长子孙之恶而为身祸也。

顷尝有士大夫，其先亦国朝名臣也，家甚富而尤吝啬，斗升之粟、尺寸之帛，必身自出纳，锁而封之。昼而佩钥于身，夜则置钥于枕下，病甚，困绝不知人，子孙窃其钥，开藏室，发箧笥，取其财。其人后苏，即扪⑤枕下，求钥不得，愤怒遂卒。其子孙不哭，相与争匿其财，遂致斗讼。其处女蒙首执牒，自讦于府庭，以争嫁资，为乡党笑。盖由子孙自幼及长，惟知有利，不知有义故也。夫生生之资，

教导子孙

中国古代教育智慧

舜帝

舜,三皇五帝之一,名重华,字都君。生于姚墟,故姚姓。以受尧的"禅让"而称帝于天下,其国号为"有虞",故号为"有虞氏帝舜"。帝舜、大舜、虞帝舜、舜帝皆虞舜之帝王号,故后世以舜简称之。

固人所不能无,然勿求多余,多余希不为累矣。使其子孙果贤耶,岂蔬粝⑥布褐不能自营,至死于道路乎?若其不贤耶,虽积金满堂,奚益哉?多藏以遗子孙,吾见其愚之甚也。

然则贤圣皆不顾子孙之匮乏邪?曰:何为其然也?昔者圣人遗子孙以德以礼,贤人遗子孙以廉以俭。舜自侧微⑦积德至于为帝,子孙保之,享国百世而不绝。周自后稷、公刘、太王、王季、文王,积德累功,至于武王而有天下。

其《诗》曰:"诒厥⑧孙谋,以燕翼子。"言丰德泽⑨,明礼法,以遗后世而安固之也。故能子孙承统八百余年,其支庶犹为天下之显,诸侯棋布于海内。其为利岂不大哉!

【注释】

①邸肆:邸店。
②箧笥:藏物的竹器。
③欺绐:欺骗。
④攘窃:盗窃,抢夺。
⑤扪:抚摸。
⑥蔬粝:指粗食。
⑦侧微:卑贱。
⑧诒厥:指留给子孙。
⑨德泽:恩泽,恩惠。

【译文】

做为人的先祖,没有不希望能够造福于后代的。可是真能造福于后代的却很少。为什么这样说呢?因为如今为后代谋利益的那些人,只懂得多积钱财留给后代儿孙。田地连阡陌,

《家范》的教育智慧

商铺遍布街巷，粮食堆满了仓库，财物塞满了箱子，仍然觉得不够，还在苦心谋求。这样他们心里就怡然自得，自以为子子孙孙世世代代都享用不尽了。但是这些祖辈们却不懂得更重要的是应该用做人的道理来教育子孙，也不懂得用礼法来管理家庭。他们自己几十年辛勤劳作所积累起来的财富，却被那些没有教养的子孙们在短时间内就挥霍殆尽。子孙们反过来讥笑祖辈们愚蠢，不会享受，还埋怨祖辈吝啬小气，曾经对自己不好，虐待了自己。那些家里广有钱财但又没有得到良好教育的后代子孙，大都是一开始欺骗盗窃，以满足自己的私欲，不够的时候，就向他人立券借债，打算等到祖父死后再来还债。

酒后放浪形骸

仔细考察一下这些子孙们的心思，发现他们只是盼望祖父早死。更有甚者，祖父有病不但不给治疗，反而在暗中投毒，以求早一些得到家里的财产。那些为后代谋利益的祖父们，不但助长了子孙的恶行，也给自己带来了杀身之祸。

过去有一位士大夫，他的祖先也是当朝名臣，他家里非常富裕但他却很小气，连斗升之粟、尺寸之布，他都要亲自管理。他还把金银财宝锁得严严实实，白天把钥匙装在身上，晚上睡觉时把钥匙放在枕头下边。后来他得了重病，子孙们趁机把他的钥匙偷走，打开密室，

中国古代教育智慧

周文王

姬姓，名昌。商纣时为西伯，即西部诸侯（方国）之长。亦称西伯昌。相传西伯在位五十年，已为霸商大业作好充分准备，但未及出师便先期死去。周人谥西伯为文王。

找到存放财宝的箱子，偷走了金银财宝。他从昏迷中苏醒过来后就寻找枕头下面的钥匙，可是钥匙已没有了，他于是愤怒地死去了。他的子孙们不但没有为他的死而哭泣，反而因为相互争夺、藏匿财产，打斗、诉讼。就连未嫁人的处女也蒙着头拿着状纸，在公堂之上喊冤叫屈，为自己争夺嫁妆。他们的卑鄙行为受到了乡里的讥笑。究其原因，大概就是因为这些子孙们从小长大，只懂得追逐利益，不知道讲道义。生活中所用的钱财物资，本来是人所必需的，但是也不要去过分贪求。钱财一旦太多了，就会成为拖累。如果子孙们确实贤能，难道他们连粗食布衣都不能自己求得，难道会冻死饿死在路旁吗？倘若子孙们无能，即便是金银堆满屋，又有什么用呢？祖父们积累财富留给子孙后代，足见他们十分愚蠢。

难道古代那些先贤都不关心他们的子孙后代的穷富吗？有人问：他们为什么不给后代留下很多财产呢？因为古代圣人懂得留给子孙后代高尚的品德与严格的礼法熏陶，贤人们传给子孙的是廉洁的品质和俭朴的作风。舜出身卑贱却能够努力修养品德，终于当上了帝王。他的子孙们继承他的高尚品德，统治国家历经百代而不灭。周朝从后稷、公刘、太王、王季、文王开始修德积功，到了周武王的时候，终于推翻殷商，夺取了天下。

《诗经》里说："周文王谋及子孙，扶助子孙。"指的就是周文王积累恩德，申明礼

《家范》的教育智慧

法，而且将这笔财产传给后代，使得国家安定、社稷稳固。因而他们的子孙后代能够统治国家八百年。他们的那些旁系亲戚也成了天下的望族，被分封的诸侯遍及海内。周家祖先留给后代的利益难道不大吗？

【原文】

孙叔敖为楚相，将死，戒其子曰："王数封我矣，吾不受也。我死，王则封汝，必无受利地。楚越之间有寝邱者，此其地不利而名甚恶，可长有者唯此也。"孙叔敖死，王以美地①封其子。其子辞，请寝邱，累世不失。

汉相国萧何，买田宅必居穷僻处，为家不治垣屋②，曰："今后世贤，师吾俭；不贤，无为势家③所夺。"

【注释】

①美地：殷富肥饶之地。
②垣屋：有围墙的房屋。
③势家：有权势的人家。

【译文】

孙叔敖担任楚国相，他快要死的时候告诫他的儿子说："楚王多次要给我封地，我不接受。我死后，楚王就会赐封地给你们，你们千万不要接受肥沃的土地。楚越两地的中间有个地方叫寝邱，那里土地贫瘠而且地名也不好，但能够长期拥有的唯有这块土地。"孙叔敖死后，楚王果然把一块好地赐给他的儿子，

孙叔敖塑像

孙叔敖（约前630年—前593年），春秋时期杰出的政治家。楚国名相，名敖，字叔敖。公元前601年，出任楚国令尹（楚相），辅佐楚庄王施教导民，宽刑缓政，发展经济，政绩赫然。主持兴修了芍陂（今安丰塘），改善了农业生产条件，增强了国力。司马迁《史记·循吏列传》列其为第一人。

中国古代教育智慧

萧何

萧何（前257年—前193年），西汉初期政治家，汉初三杰之一，沛（今属江苏沛县）人。秦末辅佐刘邦起义。刘邦为汉王后，以萧何为丞相，萧何极力推荐韩信为大将军，还定三秦。楚汉战争时，他留守关中，为法令约束，使关中成为汉军的巩固后方，对刘邦战胜项羽，建立汉朝起了重要作用。高帝十一年又协助高祖消灭韩信、英布等异姓诸侯王，被拜为相国。高祖死后，他辅佐惠帝。惠帝二年卒，谥号"文终侯"。

他的儿子坚决不要，而向楚王请求寝邱这块薄地。结果好几代人都保有这块封地，而未被人侵夺。

汉代相国萧何，他家购买田产房屋一定要选择荒凉偏僻的地方，家里也很少进行房屋的建筑。萧何解释说："如果我的后代贤能，他们就会学习我俭朴的作风；即便无能，田产也不会被有势力的大家族夺去。"

【原文】

太子太傅疏广乞骸骨归乡里，天子赐金二十斤，太子赠以五十斤。广日令家具设酒食，请族人、故旧、宾客，相与娱乐。数问其家金余尚有几何，趣①卖以共具。居岁余，广子孙窃谓其昆弟、老人、广所爱信者曰："子孙冀及君时颇立产业基址，今日饮食费且尽，宜从大人所劝，说君买田宅。"老人即以闲暇时为广言此计。

广曰："吾岂老悖不念子孙哉！顾自有旧田庐，令子孙勤力②其中，足以共衣食，与凡人齐。今复增益之，以为赢余，但教子孙怠惰耳。贤而多财则损其志，愚而多财则益其过。且夫富者，众之怨也。吾既亡，以教化子孙，不欲益其过而生怨。"

【注释】

①趣：督促，催促。
②勤力：勤劳，劳费体力。

【译文】

太子太傅疏广向朝廷请求告老还乡，皇

上赐给他黄金二十斤,太子又赐给他五十斤。疏广每天命家里人摆酒设宴,款待本族人、朋友和宾客,与这些人吃酒娱乐。他好几次向家里人询问金子还剩下多少,让家里人把金子都卖掉来治办酒食。这样过了一年多,子孙们悄悄对疏广所敬重和信任的疏广的兄长说:"子孙们都希望老人在朝廷的时候多挣下些产业田宅,现在家里将皇帝和太子赏赐的一点金子快要吃喝光了,他能够听从您的劝告,您应该劝说老人买一些田地房产,不要把钱都用于吃喝。"疏广的哥哥找机会把儿孙们的意思告诉给了疏广。

疏广说:"我难道老糊涂了吗?我难道不懂得为儿孙们打算吗?我是觉得家里本来就有一些田地和房舍,如果他们能够勤俭持家,足够他们的吃喝穿戴,而且生活水平也能和一般人站齐。现在再给他们增添一些家产,他们就会以为家里很有钱,这样只能让那些儿孙们学得懒惰,没有什么好处。即便是贤惠的人,财产多了也会使他们觉得有依赖而丧失奋发向上的志向;如果是愚蠢的人,财产多了更会因为放纵而增添他们的过失。而且,有钱的人,容易招致别人的怨恨。我就要死了,应该教育他们懂得这些道理。我不愿去增加他们的过失,也不愿让他们成为别人怨恨的对象。"

【原文】

涿郡太守杨震,性公廉①,子孙常蔬食②步行。故旧长者,或欲令为开产业。震不肯,

杨震

杨震(59年—124年),字伯起,东汉弘农华阴人。他为官清廉,不谋私利。他始终以"清白吏"为座右铭,严格要求自己,"不受私谒"。

中国古代教育智慧

吴王庙

吴武王杨行密（852年—905年），今合肥人，字化源。二十几岁便揭竿而起，出生入死，南征北战。由于"宽仁雅信，善取人心"，纵横驰骋，屡战告捷，建立吴国后又施行一系列优抚百姓的政策，因此深受四方拥戴和敬仰，于902年被唐昭宗封为吴王。

吴王庙坐落在合肥城北三十五千米的吴山镇东侧，是后人为祭祀他而建的庙宇。

曰："使后世称为清白吏子孙，以此遗之，不亦厚乎！"

【注释】

①公廉：公正清廉。

②蔬食：粗食。以草菜为食。《论语·乡党》："虽蔬食、菜羹、瓜祭，必齐如也。"

【译文】

涿郡太守杨震，秉性公正廉洁，子孙经常粗食步行。杨震的亲朋好友和同乡长者都劝杨震为儿孙们置办些产业。杨震始终不肯，他说："让我的儿孙后代被世人称为清廉官吏的子孙，将这样的美名留给子孙，这不是很丰厚的遗产吗？"

【原文】

南唐德胜军节度使兼中书令周本，好施①。或劝之曰："公春秋高，宜少留余赀②以遗子孙。"本曰："吾緉草，事吴武王，位至将相，谁遗之乎？"

【注释】

①施：给，给予。引申为施舍。

②余赀：富馀的资财。

【译文】

南唐德胜军节度使兼中书令周本乐善好施。有人劝他说："您年纪已高，应留些财产给子孙后代。"周本说："我当年穿着草鞋，跟随吴武王,后来官至将相,有谁留下财产给我呢?"

《家范》的教育智慧

商纣王

帝辛(?—约前1066年),本名受德,帝号辛王,后世称商纣王,是商朝最后的一个君主。帝辛在位后期,居功自傲,耗巨资建鹿台,过着穷奢极欲的生活,使国库空虚。他刚愎自用,杀比干,囚箕子,失去人心。他连年用兵,国力衰竭,对俘获的大批俘虏又消化不了,造成负担。约公元前1066年,周武王联合其他小国,乘机对商朝发起进攻,周兵攻陷朝歌。帝辛自焚于鹿台,商亡。

【原文】

近故张文节公为宰相,所居堂室,不蔽风雨;服用饮膳,与始为河阳书记时无异。其所亲或规之曰:"公月入俸禄几何,而自奉俭薄如此。外人不以公清俭为美,反以为有公孙布被①之诈。"文节叹曰:"以吾今日之禄,虽侯服王食,何忧不足?然人情由俭入奢则易,由奢入俭则难。此禄岂能常恃②,一旦失之,家人既习于奢,不能顿俭,必至失所③,曷若无失其常!吾虽违世,家人犹如今日乎!"闻者服其远虑。此皆以德业遗子孙者也,所得顾不多乎?

【注释】

①布被:布制的被子。多以状生活清苦。
②恃:依赖,依靠。
③失所:失去安身之处。

【译文】

新近去世的张文节公担任宰相的时候,居住的房屋破旧到不能遮蔽风雨;衣服和膳食,也跟他担任河阳书记时没有什么两样。他的亲戚规劝他说:"你一个月的俸禄那么多,日常生活竟至如此俭朴。外人不但不把你的清廉俭朴看作美德,相反还以为你像公孙弘一样在沽名钓誉呢!"文节感叹地说:"凭我现在的俸禄,要想穿王侯的衣服、吃美味佳肴,何愁没有钱?可是我知道人的性情一般都是由俭朴转向奢侈容易接受,由奢侈转为俭朴就很难适

中国古代教育智慧

郭璞画像

郭璞（276年—324年），字景纯，河东闻喜县人（今山西省闻喜县）。东晋著名学者，既是文学家和训诂学家，又是道学术数大师和游仙诗的祖师。

应。我现在的俸禄怎会永远保有？一旦失去俸禄，家里的人已经习惯了奢侈的生活，不能马上转为俭朴，必然会出现问题。既然这样，哪如就保持这样的生活习惯呢！这样，即便我离开人世，我的家人也还能像现在一样愉快地生活下去。"听者都佩服他的深谋远虑。这些例子都是长辈们把德行和事业留给子孙后代的典范，他们所得到的难道说不多吗？

【原文】

晋光禄大夫张澄，当葬父，郭璞为占墓地曰："葬某处，年过百岁，位至三司，而子孙不蕃①；某处，年几减半，位裁乡校，而累世贵显。"

澄乃葬其劣处，位止光禄，年六十四而亡。其子孙昌炽②，公侯将相，至梁陈不绝，岂未必因葬地而然，足见其爱子孙厚于身矣。先公既登侍从，常曰："吾所得已多，当留以子孙。"处心如此，其顾念后世不亦深乎！

【注释】

①蕃：繁多，繁茂。
②昌炽：兴旺，昌盛。

【译文】

晋代光禄大夫张澄，安葬父亲的时候，颇懂占卜之术的郭璞为他占卜墓地说："你父亲如果葬在甲地，你可以年过百岁，官至三司，但子孙后代却不兴旺。若葬在乙地，你的寿命要减去一半，而且只能担任乡学小官，可是你的子孙后代会显贵。"

张澄就将父亲埋在不好的乙地。果然，他只做了光禄大夫，仅活了六十四岁就去世了。但是他的那些子孙后代都很兴旺发达，官至公侯将相的，至梁、陈时代都代有其人。尽管这些不一定只是因为葬地的缘故，但是从中足以看出张澄疼爱儿孙胜过爱护自己。先父做了侍从之后，常常说："我本人得到的已经够多的了，应该留一些福禄给子孙后代。"他考虑得如此长远，顾念后世之情不也是很深的嘛！

【故事】

王氏家风

宋朝的大文学家苏轼，曾经写过一篇脍炙人口的文章《三槐堂铭》，文中记述了三槐王氏祖先的事迹，正是一门忠义，百世流芳，历经千百年之后，他们忠厚仁恕的浩然正气依然令人神往。

王氏先祖王祐，北宋大名府莘县人，出身书香门第、官宦之家。王祐的祖父王言和父亲王彻，都担任后唐的官职，一生忠厚勤勉，廉洁奉公。王祐少年时性情豪迈，才气横溢，文章立意高远，文辞优美，被人们争相传诵。

步入仕途之后，王祐依然保持着真诚正直的本性。当时正处五代十国的乱世，军阀掌权、战乱纷起，朝代频繁更替，许多将帅背叛君主，拥兵自立。王祐曾不顾个人安危，力劝后晋元帅杜重威忠于朝廷，不要投降契丹，因此得罪了杜重威。遭到贬谪后，王祐仍然撰写

《家范》的教育智慧

苏轼画像

苏轼（1037年—1101年），字子瞻，又字和仲，号"东坡居士"，眉州（即今四川眉山）人，北宋著名文学家、书画家、散文家、诗人、词人，豪放派词人代表。他与父亲苏洵、弟弟苏辙皆以文学名世，世称"三苏"。作为杰出的词人，他开辟了豪放词风，同辛弃疾并称为"苏辛"。苏轼的作品有《东坡七集》《东坡乐府》等。在政治上属以司马光为领袖的旧党。在书法方面成就极大，与黄庭坚、米芾、蔡襄并称"宋四家"。

中国古代教育智慧

宋太祖

宋太祖赵匡胤（927年—976年），宋朝开国君主，涿州人。后周时任殿前都点检，领宋州归德军节度使，掌握兵权。后发动陈桥兵变，即帝位，国号宋，结束五代扰攘的局面。天下既定，务农兴学，慎刑薄敛，与百姓休息，但过度重文轻武、偏重防内，造成宋朝长期的积弱不振。在位十六年，庙号太祖。

文章，以忠孝因果警示世人。

宋朝建立后，王祐曾任监察御史、户部员外郎等官职。当时有一位功臣符彦卿镇守大名府，因为受到贪婪狡黠的手下人蒙蔽，致使政务腐败散乱。宋太祖命令王祐前去代理大名府，调查符彦卿的情况，看他是否图谋不轨。当时如果符彦卿获罪，株连坐牢的将达一千多人。王祐仔细查明真相后，把事实禀告皇上，并且愿以自己全家老小一百多口的性命，来担保符彦卿无罪。他直言上疏给皇上："过去五代十国的君主，大多因为猜忌大臣，滥杀无辜，所以在位时间很短，希望陛下引以为戒。"符彦卿因此免罪，许多无辜的生命得以保全。王祐在同僚有难时，不落井下石，而能仗义执言，舍己救人，世人都称赞他积下深福厚德，必将荫蔽子孙。

王祐很有才干，而又品行端正，不攀附权贵。他文武忠孝的德行，被天下人赞叹，许多人希望他能升任宰相。然而，王祐直道而行的个性，使得一些心术不正的人忌惮他，想方设法排挤他，因此王祐始终没有得到重用。

晚年的时候，王祐将"治国、平天下"的愿望寄托在子孙后代身上，他满怀信心地在庭院中种了三棵槐树，说："我们家的后代子孙，一定有位列三公的，此树可以作为见证。"果然，他的预言成为现实，次子王旦在宋真宗时当了宰相，前后辅佐真宗十八年，当时政治清明、天下太平，王旦被人称为"太平良相"。

王祐的三个儿子在父亲的严格教导和潜移默化之下，都不负父望，德才兼备，学业有成。长子王懿，曾任江西袁州知府，政绩颇佳。三子王旭，也是著名的清官，先后在缑氏（今河南偃师县）、应天府（今河南商丘）等地为官，都有卓越的政绩，最后积劳成疾，病逝于任上。

作为三槐王氏最杰出的代表，王旦在幼年时就沉稳静默，勤奋好学，成年以后更是胸襟博大，气宇非凡。宋太宗太平兴国五年，王旦考中进士之后，出任平江知县。他体察民情、关心民众，以道德教化百姓，把平江县治理得井井有条，人民安居乐业。当时的转运使赵昌言到了平江县境内，赞赏王旦的善政，并把女儿嫁给了他。

一般人认为，朝中有人好做官。历朝历代，利用裙带关系攀附求高官厚禄的人确实不少，但在王旦这里却是例外。后来，赵昌言作了参知政事，担任相当于副宰相的职务，王旦也已经官至同判吏部流内铨，负责官员的考课。翁婿成为直属上下级，王旦为了避嫌，主动提出来辞职，改在集贤殿做修改撰写的文字工作。王旦识大体、顾大局，甘于淡泊的度量，深受宋太宗的嘉许。

等到真宗的时候，王旦作了宰相，他始终坚持亲属子弟们避嫌，不在朝廷担任重要官职。他的三弟王旭很有才华，受到皇上的赞赏

宋真宗

宋真宗赵恒（968年—1022年），原名赵德昌，登基前曾被封为韩王、襄王和寿王，曾任开封府尹。997年以太子继位。宋真宗统治时期治理有方，北宋的统治日益坚固，国家管理日益完善，北宋比较强盛。景德元年（1004年）与辽国签订"澶渊之盟"，这是宋朝向外族纳贡换取和平的开始。统治后期以王钦若和丁谓为宰相，信奉道教和佛教，大中祥符元年（1008年）称受天书，封泰山、祀汾阳，修建了玉清昭应宫以及许多寺庙，导致社会矛盾激化。

中国古代教育智慧

苏耆

苏耆（987年—1035年），字国老，今四川中江人。所著计《录》三篇、《闲谈录》五卷、《次翰林志》《续文房四谱》和《文集》二十卷。其墨迹见褚绪良《阴符经》跋。

和群臣的推荐。自从王旦当宰相后，就避嫌在家，不再任职。真宗知道后，就把王旦叫来，说："以前的朝代，兄弟一起在朝中做大官的很多，何况朝廷任人唯贤，怎么能因为您的缘故，使令弟怀才不用呢？"真宗想任命王旭做京城的推官，掌管司法，王旦一再推辞，真宗只好让王旭改任有职无权的南曹通判。

王旦有三个儿子，长子王雍、次子王冲都是品学兼优。但因为他们进入仕途时，父亲在朝中担任要职，为了避嫌，兄弟二人一直未能晋升，直到王旦去世时，王冲仍担任水部员外郎这样一个候补职务。唯有三子王素，从政时王旦已经去世，没有受到避嫌的影响，仕途比较顺利。

王旦不仅对子弟严格要求，对其他亲属也从不利用权势为他们谋官。他的女婿苏耆通过了会试，参加皇上殿试的时候，真宗不知道苏耆和王旦的关系，问王旦此人可否入选，王旦不置可否，结果苏耆落选。另一个女婿韩亿很有才华，真宗想召来加官，王旦竭力推辞，韩亿被派往边远的蜀地任职。

王旦身为宰相，以天下国家为己任，任何事情都看得久远，不举亲眷，不谋私利，就杜绝了任人唯亲的流弊。正己才能正人，所以，王旦为相十八年，家中常常宾客满堂，但没有一个人敢为私利请求照顾的。王旦并非不爱才，经他举荐的人才很多。他常常表面上不说什么，但是私底下发现真正的人才，绝不错过，一定会推荐给皇上。因为他施恩不求回报，总是默默地这样做，所以很少有人知道。后来史官修订《真宗实录》时，看到王旦的奏章，才知道许多大臣，包括众多建功立业的栋梁之材，都是出自王旦的推荐。

作为当朝宰相，同时也是家族中的长者，王旦内修严谨，但又宽厚待人，对家人关怀爱护。王氏族人众多，但在王旦以身示范的引领下，个个友爱笃实，好学勤俭，使人们叹为观止。对于王旦要求他们避嫌居低位的安排，大家都欣然接受，而且从不以官宦子弟夸耀，更不作威作福，盛气凌人。

三槐堂

真宗见王旦的住所过于简陋，多次提出帮他建新宅，王旦都以"这是先辈的旧居，不忍拆除"为理由，多次推辞了。有人问他为什么不置田宅，为什么不留些家产给子孙经营？他回答道："儿孙当要自立自强，如果父母留下这些田宅财产给他们，无非就是要让他们造成不义之争而已。"王旦所重视的，不是钱财，而是优良家风的承传。他十分注重对后代的教育，要求他们堂堂正正做人，踏踏实实做事，为官者还要清清白白做官。王旦深信，"根深枝自茂，源远流自长"，他要求子孙后代每六十年修一次家谱，在家谱中要详细叙述先祖的德行和王氏仁恕忠厚的家风，以缅怀祖德，激励后人。

后来，为了更好地承传家风家训，王旦的孙子王巩，在翻修故居、建立"三槐堂"的时

中国古代教育智慧

槐树芬芳

候，请苏轼撰写《三槐堂铭》，以此勉励王氏后人效仿祖先的美好德行。

《易经》云："积善之家，必有余庆。"在王旦的下一辈中，王家又出了王素、王质、王端三个进士，都是德才兼备，孙辈、曾孙辈中也是人才辈出。在整个宋朝三百余年的历史上，三槐王氏家族几乎代代都有人在朝廷为官，《宋史》上专门立有传记者十一人。自宋以来，悠悠千百余年，虽然历尽人世沧桑，三槐王氏的后裔绵延不息，分布在世界各地。他们秉持先祖忠恕仁厚的精神，牢记先祖的教诲，都能做到为民者勤劳生产，艰苦奋斗；为官者廉洁自持，秉公正直。

追溯先祖的德范，细思天地万物之至理，我们且反复吟咏其中的句子："天可必乎？贤者不必贵，仁者不必寿。天不可必乎？仁者必有后。二者将安取衷哉？""善恶之报，至于子孙，则其定也久矣。"三槐王氏家族，以及许许多多广积阴德、以圣贤之道德学问传家的古今世家，给予我们甚深的启示和教导。为人当以道德为根本，行孝行善，其福泽荫庇，方能长润后世。而"积不善之家，必有余殃"，这是古圣先贤的殷殷训诫，历史已经无数次以惨痛的事实证明，我们不可不慎重省思，切勿懈怠放肆，殃及自身和后代子孙啊！

父母篇

陈亢

【原文】

陈亢①向于伯鱼曰:"子亦有异闻②乎?"对曰:"未也。尝独立,鲤趋而过庭。曰:'学诗乎?'对曰:'未也。''不学诗无以言。'鲤退而学诗。他日,又独立,鲤趋而过庭。曰:'学礼乎?'对曰:'未也。''不学礼无以立。'鲤退而学礼。"闻斯二者,陈亢退而喜曰:"问一得三,闻诗,闻礼,又闻君子之远其子也。"

【注释】

①陈亢:字子元,一字子禽,又名原亢,蒙人(今安徽蒙城县)。孔子弟子,曾做过单父(山东单县南)宰。陈亢为宰时,施德政于民,颇受后人好评。明代学者顾龙裳游蒙城清燕堂时,写有《公堂清燕》诗:"缅想鸣琴治邑时,雍容雅化坐无为",颂扬陈亢。

②异闻:别有所闻,所闻不同。

【译文】

陈亢问伯鱼说:"孔夫子他老人家有没有什么奇闻逸事呢?"伯鱼回答说:"他老人家没有什么奇闻逸事,只是有一次我独自侍立,他的儿子鲤迈着小步快速经过厅堂,夫子问道:'你学习《诗经》没有?'孔鲤回答说:'没有。'夫子教导他说:'不学《诗经》

中国古代教育智慧

曾子

就没有说话的权利。'孔鲤便下去学习《诗经》。过了几天,我又独自侍立先生于侧,鲤又迈着小步快速经过厅堂,夫子问:'你学习《礼》没有?'鲤回答说:'没有。'夫子教导说:'不学习《礼》就不能立身。'孔鲤便下去学习《礼》。"听了这两件事,陈亢出去后高兴地说:"我问了一件事,却懂得了三个道理:懂得了学《诗经》的道理,懂得了学《礼》的道理,同时又懂得了君子与他的子女之间应该是有礼有节的,不能随便的道理。"

【原文】

曾子曰:"君子之于子,爱之而勿面,使之而勿貌,遵之以道而勿强言;心虽爱之不形于外,常以严庄莅①之,不以辞色悦之也。不遵之以道,是弃之也。然强之,或伤恩,故以日月渐摩②之也。"

【注释】

①莅:治理,统治,管理。

②渐摩:亦作"渐磨"。浸润,教育感化。《汉书·董仲舒传》:"渐民以仁,摩民以谊。"

【译文】

曾子说:"君子对于他的子女,喜爱他们却不表露在脸上,吩咐他们也不露声色,让他们按道理做事情,但又不勉强他们。心里虽然很喜爱他们却不表露在外面,对待他们要严肃庄重,不能用和言悦色来讨他们喜欢。不教育子女按道理做事,就会把他们引上邪路。然而如果一味地强迫他们做，又会损伤父子之间的和气。因此对待子女只能靠平时言传身教去慢慢引导他们。"

【原文】

北齐黄门侍郎颜之推《家训》曰："父子之严，不可以狎①；骨肉之爱，不可以简。简则慈孝②不接，狎则怠慢生焉。由命士以上，父子异宫，此不狎之道也；抑搔③痒痛，悬衾箧枕，此不简之教也。"

【注释】

①狎：亲昵，亲近而不庄重。
②慈孝：孝敬。
③抑搔：按摩抓搔。

【译文】

北齐黄门侍郎颜之推在他写的《家训》中说："父子之间应该严肃，不能随随便便，不能简慢。如果简慢随便，就会因怠慢而形不成父慈子孝，古人规定做官的人家，父子应该分开居住，这是养成父子之间不随随便便的方法；儿子要为父母按摩病痛，收拾被褥枕头等卧具，这是父子之间不生简慢的道理所在。"

【原文】

石碏谏卫庄公曰："臣闻爱子教之以义方，弗纳于邪。骄奢淫逸①，所自邪也。四者之来，宠禄过也。"自古知爱子不知教，使至于危辱乱亡者，可胜数哉！夫爱之，当教之使成人。爱之而使陷于危辱乱亡，乌②在其能爱子也？人之爱其子者多曰："儿幼，未有知耳，

《家范》的教育智慧

颜之推

颜之推（531年—约595年），字介，原籍琅邪临沂（今山东省临沂市），世居建康（今南京市）。传世著作有《颜氏家训》和《还冤志》等。《颜氏家训》共二十篇，是颜之推为了用儒家思想教训子孙，以保持自己家庭的传统与地位，而写出的一部系统完整的家庭教育教科书。这是他一生关于士大夫立身、治家、处事、为学的经验总结，在封建家庭教育发展史上有重要的影响。后世称此书为"家教规范"。

中国古代教育智慧

脱缰的马

俟③其长而教之。"是犹养恶木之萌芽，曰俟其合抱而伐之，其用力顾不多哉？又如开笼放鸟而捕之，解缰放马而逐之，曷若④勿纵勿解之为易也！

《曲礼》："幼子常视毋诳⑤。"

"立必正方，不倾听。"

"长者与之提携，则两手奉⑥长者之手。负剑⑦辟咡⑧诏之，则掩口而对⑨。"

【注释】

①骄奢淫逸：原指骄横、奢侈、荒淫、放荡四种恶习。后形容生活放纵奢侈、荒淫无度。

②乌：怎么。

③俟：等待，等到。

④曷若：何如。用反问的语气表示不如。

⑤诳：欺骗，迷惑。

⑥奉：两手恭敬地捧着。

⑦负剑：抱小孩之状。

⑧辟咡：指交谈时侧着头，不使口气触及对方，以示尊敬。

⑨对：应答。

【译文】

石碏劝谏卫庄公说："我听说父亲疼爱子女应该教给他们做人的正道，不使他们走上邪路。骄横奢侈，荒淫放纵，就会走上邪路。骄奢淫逸四种习惯都有，这是过分宠爱他们所造成的。"自古以来许多父亲都知道疼爱子女，却不懂得如何教育子女，以至于使他们危害他人，自取灭亡，这样的事例还少吗？疼爱子女，就应当教育他们，培养他们成人。疼爱他们却让他们走上邪路，又怎能算得上疼爱他们呢？疼爱子女的那些人常常说："孩子小，不懂事，等他们长大后再来教育他们。"这就好比种了一棵不正的树苗，说等到树木长大后再来修剪，那样费力不更多吗？又像打开鸟笼把鸟放走之后再去捉鸟，解开缰绳把马放走之后再去追它，与其这样，哪如事先就不放开鸟和马呢？

《礼记·曲礼》说："对于小孩子，要经常关注教导他，不要让他学假话和诳骗。"

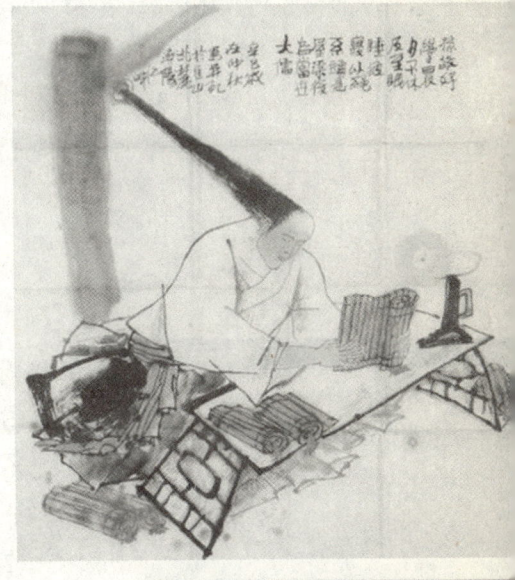

悬梁苦读图

又说："孩子从小要养成好的习惯，站立的时候一定要中正，不要斜着身子去倾听。"

又说："如果有长辈与你握手，你就要用两只手捧长辈的手。如果长辈俯下身和你说话，你要将自己的嘴用手挡住一点，然后再恭敬地说话。"

【原文】

《内则》："子能食食①，教以右手。能言，男唯②女俞③。男鞶革，女鞶丝。六年，教之数与方名。七年，男女不同席，不共食。八年，出入门户及即席饮食，必后长者，始教之让。九年，教之数日。十年，出就外傅④，居宿于外，学书计⑤。十有三年，学乐、诵诗、舞勺。成童⑥，舞象、学射御⑦。"

中国古代教育智慧

驾御车马

【注释】

①食食：吃饭。

②唯：急声回答。

③俞：叹词，表示应答或肯首。是，对。

④外傅：古代贵族子弟至一定年龄，出外就学，所从之师称外傅。与内傅相对。

⑤书计：文字与筹算。六艺中六书九数之学。

⑥成童：年龄稍大的儿童。指八岁以上，或指十五岁以上，说法不一。这里指十五岁。

⑦射御：射箭御马之术。古代六艺中的两种，都属尚武的技艺。

【译文】

《礼记·内则》说："孩子会自己吃饭的时候，父母要教给他用右手拿筷子，会说话的时候，要教给他们应答，男孩答'唯'，女孩答'俞'。他们所用的佩囊，男的用皮革，女孩用丝缯，各代表武事和针黹之事。六岁的时候，教他们数数与记住东西南北这些方位的名称。七岁的时候，教给他们男女不能同坐，不能在一起吃东西。八岁的时候，告诉他们谦让之礼，出入门户以及上炕进餐，都要在长者之后。九岁的时候，要告诉他们朔望与天干地支的知识。十岁的时候，男孩子就要出去拜师求学，住宿在外边，学习六书九数。十三岁的时候，要学习音乐、诗书和文舞。到了十五岁之后，就要学习武舞、射箭和驾御车马。"

《家范》的教育智慧

曾子杀猪

【原文】

曾子之妻出外，儿随而啼。妻曰："勿啼！吾归，为尔杀豕①。"妻归，以语②曾子。曾子即烹豕以食儿，曰："毋教儿欺也。"

【注释】

①豕：猪。

②语：告诉。

【译文】

曾子的妻子到外边去办事，儿子跟着她边走边哭。妻子说："别哭！等我回来给你杀猪吃猪肉。"妻子回来后，把这事告诉了曾子。曾子就杀猪煮肉给孩子吃，他说："我之所以给他杀猪吃，是为了教给他不要欺骗人。"

【原文】

梁元帝时，有一学士，聪敏有才，少为父所宠，失于教义。一言之是，遍于行路，终年誉之；一行之非，掩藏文饰①，冀②其自改。年登婚宦③，暴慢日滋，竟以语言不择，为周逖抽肠④衅鼓⑤云。然则爱而不教，适所以害之也。《传》称鸤鸠之养其子，朝从上下，暮从下上，平均如一。至于人，或不能然。《记》曰：父之于子也，亲贤而下无能。使其所亲果贤也，所下果无能也，则善矣。其溺于私爱者，往往亲其无能，而下其贤，则祸乱由此而兴矣。

【注释】

①文饰：掩饰，文过饰非。

②冀：假借为"觊"。希望，期望。

中国古代教育智慧

《职贡图》（局部）

南朝梁元帝萧绎（约508—554年），应是我国历史上最早的皇帝画家。当时南朝与各国友好相处，来朝贡的使臣不绝于途，萧绎于是将各国使节绘成《职贡图》。原图共三十五国使，如今只存十二使，如描述滑国、波斯、百济等使臣像，并撰文描述各国风情。原图现已不存在，只有宋人摹本藏于我国历史博物院。

③婚宦：结婚与作官。

④抽肠：剖腹取肠。指杀戮。

⑤衅鼓：古代战争时，杀人或杀牲以血涂鼓行祭。

【译文】

梁元帝时有一个士人，从小聪明有才能，很受父亲宠爱，但家里没有很好地教育他。他只要有一句话说得有点道理，他父亲就不断地夸奖他，一年到头到处与人谈论；一件事做错了，他父亲就百般为他掩饰，替他找各种借口，希望他自己慢慢能改正。后来这人长大成人之后，不好的品质越发展越严重，待人粗暴傲慢，最后终于因为讲话随便，触犯了有权势的周逖，而被周逖抽肠衅鼓，惨杀而死。这样看来，家长对子女如果一味溺爱而不懂得去教诲，恰恰是害了孩子。《左传》说：鸤鸠鸟在喂养孩子的时候，早晨从上到下轮流，晚上从下到上轮流，始终能平等对待，没有偏向。人却不能这样。《礼记》说：父亲对于子女，一般都是偏爱聪明有才干的，而对于才能差一些的就不太喜欢。如果为父亲的所偏爱的果真有才有德，不喜欢的果真是品行才能很差的，那还算是不错的；然而，有些做父亲的因溺于私爱，往往是偏爱那些无品行无才能的，而疏远品行端正有才能的。那么，家里的不和与祸乱就从此而发生了。

《家范》的教育智慧

共叔段

共叔段是郑武公次子，其母武姜厌恶长子寤生，多次请求郑武公立共叔段为太子，武公未同意。郑武公死后，寤生即位为郑庄公。武姜请求把京（今河南荥阳东南）封给共叔段，得到允许后，共叔段得以居住在京，肆意扩展私家势力。公元前722年，共叔段准备袭击郑国都城，又联络都城中的武姜为内应，让其打开城门。郑庄公听闻后，便命令郑大夫公子吕攻打京邑城。共叔段兵败逃奔到鄢（今河南鄢陵县北），郑庄公又率兵追击，大胜。此后，共叔段逃奔于共（今河南辉县）邑居住。

【原文】

《颜氏家训》曰：人之爱子，罕亦能均。自古及今，此弊多矣。贤俊①者自可赏爱，顽鲁②者亦当矜怜③。有偏宠④者，虽欲以厚之，更所以祸之。共叔之死，母实为之；赵王之戮，父实使之。刘表之倾宗覆族，袁绍之地裂兵亡，可谓灵龟明鉴。此通论也。

【注释】

①贤俊：才德出众。
②顽鲁：顽劣愚钝，不敏锐。
③矜怜：怜悯。
④偏宠：上对下偏爱。

【译文】

《颜氏家训》说：人们爱自己的儿子，很少能做到没有偏爱。从古代到现在，这种偏爱的毛病非常多，聪明懂事的孩子自然讨人喜爱，顽皮愚鲁的孩子也应当怜爱。偏爱虽然是喜欢他，盼他好，而事实上却是害了他。共叔的死，实际上是他母亲的过错；赵王后来被杀，也是他父亲偏宠偏爱造成的恶果；刘表和袁绍最终家破人亡，都可以作为偏爱子女的前车之鉴。

【原文】

曾子出其妻，终身不取①妻。其子元请焉，曾子告其子曰："高宗②以后妻杀孝己③，尹吉甫④以后妻放伯奇⑤。吾上不及高宗，中不比吉甫，庸知其得免于非乎？"

中国古代教育智慧

尹吉甫

尹吉甫（生卒年不详），周宣王大臣。兮氏，名甲，字伯吉父（一作甫），尹是官名。泸州人，是中国历史上著名的政治家、军事家和文学家，《诗经》的主要采集者，被尊称为中华诗祖。尹吉甫晚年被流放至房陵（房县古称），死后葬于房县青峰山。

【注释】

①取：通"娶"。娶妻。

②高宗：指商朝国君武丁，"高宗"是其谥号。

③孝己：人名。传说为武丁之子，以孝行著，因遭后母谗言，被放逐而死。后用作孝子的典范。

④尹吉甫：周宣王大臣。兮氏，名甲，字伯吉父（一作甫），尹是官名。

⑤伯奇：尹吉甫的儿子。受后母的谗害，被逐，他悲伤自己的遭遇，作《履霜操》曲。

【译文】

曾子休掉他的妻子后，终身没有再娶。曾子的儿子曾经劝父亲再娶后妻，曾子对儿子说："殷高宗武丁因为后妻进谗言，害死了自己的儿子孝己；周宣王尹吉甫也因为娶了后妻的缘故，放逐了自己的儿子伯奇。我上比不上殷高宗，中比不上尹吉甫，怎么能保证娶了后妻而不发生祸乱呢？"

【原文】

后汉尚书令朱晖，年五十失妻。昆弟欲为继室。晖叹曰："时俗①希不以后妻败家者。"遂不娶。今之人年长而子孙具者，得不以先贤为鉴乎？

【注释】

①时俗：习俗，时下的习俗，流俗。

【译文】

东汉尚书令朱晖，五十岁的时候死了妻

子。兄长想为他续弦，他叹息道："现在，因为续娶后妻败家的事例很多。"于是不再续娶。如今那些年事已高且子孙满堂的人，难道能不以前代的贤人为榜样吗？

《家范》的教育智慧

孝顺父母

【原文】

《内则》曰："子妇未孝未敬，勿庸疾怨①，姑教之。若不可教，而后怒之。不可怒，子放②妇出而不表礼焉。"

【注释】

①疾怨：怨恨。

②放：驱逐，流放。

【译文】

《内则》说："儿子和媳妇不孝顺不恭敬，也不用怨恨，应该耐心地教育他们。如果不听教育，然后再去指责他们。指责了也不改正，就将儿子和媳妇赶出家门但不去明说他们违背了孝道。"

【原文】

为人母者，不患①不慈，患于知爱而不知教也。古人有言曰："慈母败子。"爱而不教，使沦于不肖，陷于大恶，入于刑辟②，归于乱亡。非他人败之也，母败之也。自古及今，若是者多矣，不可悉数③。

【注释】

①患：担忧，忧虑。

②刑辟：刑法，刑律。

③悉数：完全列举或说出。

中国古代教育智慧

周武王

周武王姬发（？—前1043年），周文王姬昌次子。中国西周第一代帝王。他继承父亲遗志，于公元前11世纪消灭殷商王朝，建立了西周王朝，表现出卓越的军事、政治才能，成为中国历史上一代名君。

【译文】

为人之母，不怕不慈祥，怕的是只知道疼爱子女而不懂得去教育子女。古人说："慈母败子。"母亲溺爱子女却不能教育子女，使子女沦为坏人，陷入恶迹劣行，最终受到惩罚，引出祸乱，自取灭亡。毁他的并非他人，恰恰是做母亲的害了他。从古到今，这样的例子太多了，不可胜数。

【原文】

周大任之娠①文王也，目不视恶色②，耳不听淫声③，口不出敖言④。文王生而明圣⑤，卒为周宗。君子谓大任能胎教。古者妇人任子，寝不侧，坐不边，立不跸，不食邪味，割不正不食，席不正不坐，目不视邪色，耳不听淫声。夜则令瞽⑥诵诗，道⑦正事。如此，则生子形容端正，才艺博通矣。彼其子尚未生也，固已教之，况已生乎！

【注释】

①娠：怀孕。

②恶色：邪恶的事物。

③淫声：淫邪的乐声。古代以雅乐为正声，以俗乐为淫声。

④敖言：傲慢的话。

⑤明圣：明达圣哲。《管子·霸言》："国在危亡而能寿者，明圣也。"

⑥瞽：指眼睛失明的人。

⑦道：讨论，议论。

《家范》的教育智慧

【译文】

周文王的母亲怀周文王的时候,眼睛不看不好的颜色,耳朵不听淫荡的声音,嘴里不说戏谑调笑的语言。因此,文王生下来就明白贤圣,最终成为开创周代功业的一代圣主。有才德的人认为妇女在怀孕的时候可以胎教,古代的妇女在怀孕的时候,睡觉不侧卧,不在靠边的地方坐,不一只脚站立,不吃乱七八糟的东西。食物切得不端正不吃,炕席铺得不正不坐,眼睛不看不好的颜色,耳朵不听淫荡的声音。晚上让盲人朗诵诗,谈论正事。这样,生下的孩子相貌体形端正,才能出众。人家的孩子还没有出生,就已经开始教育了,何况出生之后呢?

宋·孟母教子图

【原文】

孟轲之母,其舍近墓,孟子之少也,嬉戏为墓间之事,踊跃筑埋①。

孟母曰:"此非所以居之也。"乃去。舍市傍,其嬉戏为衒卖②之事。

孟母又曰:"此非所以居之也。"乃徙。舍学宫之傍,其嬉戏乃设俎豆揖让进退。孟母曰:"此真可以居子矣!"遂居之。孟子幼时问东家杀猪何为,母曰:"欲啖③汝。"既而悔曰:"吾闻古有胎教,今适有知而欺之,是教之不信。"乃买猪肉食。既长就学,遂成大儒。彼其子尚幼也,固已慎其所习,况已长乎!

中国古代教育智慧

孟母三迁

【注释】

①筑埋：筑穴埋葬。
②衒卖：叫卖，出卖。
③啖：给吃。

【译文】

孟轲的母亲家住在靠近墓地的地方，孟轲小时候就常玩些挖墓埋死人的游戏，而且玩得非常起劲。

母亲就说："此处不适合居住。"于是将家搬走，迁居到集市旁边，于是孟轲又以学习商贩吆喝叫卖为游戏。

孟母又说："这里也不适合居住。"就又举家迁徙，搬到学校旁边的房舍里，这样孟子就玩些祭祀、揖让、进退等有关礼仪方面的游戏。孟母高兴地说："这里才是居住的好地方。"于是就在这里安居。孟子小时候问母亲邻居为什么要杀猪，母亲回答说："给你吃肉。"说完又后悔了，心想："我听说古人就很注重胎教，现在孩子刚懂事，我就欺骗他，这是教他不讲信用。"因此为了证明自己说话算数，孟母就买猪肉给孟子吃。孟子长大后读书学习，终于成为博学多才的大学问家。孟母在孩子小的时候，就认真培养儿子的好习惯，何况在儿子长大之后呢？

【原文】

汉丞相翟方进继母随方进之①长安，织屦②，以资方进游学。

晋太尉陶侃，早孤贫，为县吏雷阳，孝廉范

逵尝过侃,时仓卒③无以待宾。其母乃截发④,得双髲以易酒肴。逵荐侃于庐江太守,召为督邮,由此得仕进。

【注释】

①之:到,往。
②履:鞋子。
③仓卒:亦作"仓猝"。匆忙急迫。
④截发:剪去头发。

【译文】

汉代的丞相翟方进求学的时候,他的继母随他到长安,靠编草鞋赚钱来资助他拜师求学。

晋代太尉陶侃,从小丧父,家里很穷,他担任番阳县吏之时,孝廉范逵来家探访。一时间家里没有东西招待客人,他的母亲就剪掉头发,用头发换来酒肴招待客人。后来,范逵向庐江太守推荐陶侃,太守就任命陶侃为督邮,陶侃从此进身仕途。

【原文】

后魏钜鹿魏缉母房氏,缉生未十旬,父溥卒。母鞠育不嫁,训导有母仪法度。缉所交游①,有名胜者,则身具酒馔②。有不及己者,辄屏卧不餐,须其悔谢乃食。

【注释】

①交游:朋友。
②酒馔:指酒食。

【译文】

后魏时候钜鹿魏缉的母亲房氏,魏缉刚生下来还不到十旬,他的父亲魏溥就死了。魏

《家范》的教育智慧

陶侃

陶侃(259年—334年),字士行(或作士衡),江西鄱阳人,东晋大司马。

中国古代教育智慧

五松园遗址

赵氏五松园位于张掖城西一公里新墩镇青松村，为唐代赵武孟与赵彦昭父子宴游之别墅。园内本有五棵青松，另栽有白牡丹、芍药、碧桃、紫荆、侧柏、榆、杨等林木花卉，姹紫嫣红，相映丰趣。随着时间的变迁，名园荒鞠，现幸存的一株，直径1米，高20米，人喻之为"狮子头"，树冠庞大，枝繁叶茂，傲然挺立，清风千载。

缉的母亲为了养育魏缉，不再改嫁，魏母教育孩子颇知礼仪法度。魏缉在外边结交的人如果是有好名声的，来家做客，魏母就亲自准备酒食，款待客人。如果是品德修养差的人，她就睡在屏风后面，不出来吃饭，一定要在事后儿子表示悔恨，向她谢罪，她才肯吃饭。

【原文】

唐侍御史赵武孟，少好田猎，尝①获肥鲜以遗母。母泣曰："汝不读书，而田猎如是，吾无望矣！"竟不食其膳。武孟感激勤学，遂博通经史，举进士，至美官②。

【注释】

①尝：曾经，有一次。
②美官：位高禄厚之官。

【译文】

唐代侍御史赵武孟，少年的时候喜欢打猎。有一次捕获了一些又肥又鲜的猎物，他将猎物献给母亲。母亲不但没有高兴，反而哭着说："你不读书，却去无休止地打猎，我没有指望了！"于是不吃饭。武孟为母亲的教诲所感动，开始勤奋学习，终于博通经史，考中进士，当了大官。

【原文】

天平节度使柳仲郢母韩氏，常粉①苦参、黄连和以熊胆以授诸子，每夜读书使噙②之，以止睡。

【注释】

①粉：研成粉末，粉碎。

②噙：含。

【译文】

天平节度使柳仲郢的母亲韩氏，常常浸泡苦参、黄连和熊胆，交给几个儿子，儿子们每天晚上读书的时候，她就让他们将这些东西含在嘴里，用这个办法来制止他们打瞌睡。

【原文】

太子少保李景让母郑氏，性严明，早寡家贫，亲教诸子。久雨，宅后古墙颓陷，得钱满缸。奴婢喜，走①告郑。郑焚香祝之曰："天盖以先君余庆②，愍③妾母子孤贫，赐以此钱。然妾所愿者，诸子学业有成，他日受俸，此钱非所欲也。"亟命掩之。此唯患④其子名不立也。

两耳不闻窗外事

【注释】

①走：跑着。
②余庆：留给子孙后辈的德泽。
③愍：怜悯，哀怜。
④患：担忧，忧虑。

【译文】

太子少保李景让的母亲郑氏秉性严明，年轻时就守了寡，家里也很贫穷，她就亲自教育子女。一次，因为下了很久的雨，房屋后面的古墙倒塌，露出满满一缸钱。奴婢发现后非常高兴，连忙跑去告诉郑氏。郑氏烧香祈祷："大概是因为孩子的父亲生前积下阴德，上帝可怜我们母子孤寡贫穷，赐给我们这些钱。然

中国古代教育智慧

齐宣王

齐宣王田辟疆（？—前301年），公元前320年继齐威王为田氏齐国第五代国君。他不惜耗费巨资招致天下各派文人学士来到齐国"稷下学宫"，使稷下学宫进入鼎盛时期。

而我所希望的只是孩子们学业有成，将来做官得到俸禄，这些钱并不是我想要的。"祈祷毕，她立刻命令奴婢将钱掩埋。郑氏这样做就是担心子女将来不能立名。

【原文】

齐相田稷子受①下吏金百镒②，以遗其母。母曰："夫为人臣不忠，是为人子不孝也。不义之财，非吾有也。不孝之子，非吾子也。子起矣。"稷子遂惭而出，反③其金而自归于宣王，请就诛。宣王悦④其母之义，遂赦稷子之罪，复其位，而以公金赐母。

【注释】

①受：接受。
②百镒：亦作"百溢"。极言货币之多。溢，古代黄金计量单位，二十两或二十四两。
③反：归还，送还。
④悦：顺服，悦服，从心里佩服。

【译文】

齐国丞相田稷子接受了部下送给他的一百镒金子，回家之后他把这些金子交给母亲。母亲说："做为人的臣子而不忠诚，就等于是为人之子而不孝顺。你这些不义之财，我不要。你这个不孝之子，也不是我的儿子，你走吧！"田稷子十分羞愧地离开家，将那一百镒金子还给部下，自己到齐宣王那里请求皇上杀头治罪。宣王欣赏他母亲的深明大义，于是就赦免了他的罪过，让他仍任原职，而且还从国库里拿出一些金子赏赐给他的母亲。

《家范》的教育智慧

【原文】

汉京兆尹隽不疑,每行县录囚徒,还,其母辄问不疑,有所平反,活几何①人耶?不疑多有所平反,母喜,笑为饮食,言语异于它时。或亡②所出,母怒,为不食。故不疑为吏严而不残③。

知错就改

【注释】

①几何:多少。

②亡:通"无"。没有。

③残:凶恶,狠毒。

【译文】

汉代京兆尹隽不疑,每次下去验收登记囚徒返回来的时候,母亲总要询问隽不疑,这次有没有平反的囚徒,你救了几个被冤枉的人?如果隽不疑平反得多,母亲就高兴,有说有笑地吃饭,说起话来也与平时不一样。有时,隽不疑说没有囚徒得到平反,母亲就不高兴,拒绝用餐。正因为这样,隽不疑做为官吏,虽然严厉,但并不残酷。

【原文】

吴司空孟仁尝为监鱼池官,自结网捕鱼作鲊①寄母。母还之曰:"汝为鱼官,以鲊寄母,非避嫌也!"

【注释】

①鲊:盐腌的鱼。

【译文】

三国时东吴的司空孟仁曾经担任监鱼池官,他亲自结网捕鱼,将捕获的鱼制成腌鱼,

陶侃画像

然后寄给母亲。母亲退还给他说:"你身为鱼官,却把腌鱼寄给你的母亲,你没有做到当官应该避嫌疑!"

【原文】

晋陶侃为县吏,尝监鱼池,以一坩①鲊遗母。母封鲊责曰:"尔以官物遗我,不能益我,乃增吾忧耳。"

【注释】

①坩:盛物的陶器。

【译文】

晋代陶侃担任县吏,曾经监管鱼池,他将一些腌鱼送给母亲,母亲不接受,还责备他说:"你将公家的东西送给我,不但对我没有好处,相反还会增加我的忧虑。"

【原文】

唐中书令崔玄,初为库部员外郎,母卢氏尝戒之曰:"吾尝闻姨兄辛玄驭云:'儿子从官于外,有人来言其贫窭①不能自存,此吉语也;言其富足,车马轻肥,此恶语也。'吾尝重其言。比见中表②仕宦者,多以金帛献遗其父母。父母但知忻悦③,不问金帛所从来。若以非道得之,此乃为盗而未发者耳,安得不忧而更喜乎?汝今坐食俸禄,苟不能忠清,虽日杀三牲④,吾犹食之不下咽也。"玄由是以廉谨⑤著名。

【注释】

①贫窭:贫乏,贫穷。

②中表:古代称父之姐妹所生子女为外兄

弟姐妹，称母之姐妹所生子女为内兄弟姐妹。外为表，内为中，合而称之"中表"。

③忻悦：欣喜。

④三牲：古时祭祀用的供品，分大三牲（猪、牛、羊）和小三牲（鸡、鸭、鱼）两种。

⑤廉谨：廉洁谨慎。

【译文】

唐代中书令崔玄，起初担任库部员外郎，母亲卢氏经常告诫他说："我曾经听姨兄辛玄驭对我说：'儿子在外边做官，如果有人来说他贫穷不能自存，这是好事；如果说他十分富裕，车轻马肥，那就是坏话。'我很重视姨兄的这些话。常见那些做官的表兄表弟，多拿回金银布帛送给他们的父母。父母只知道高兴，却不问金银布帛从何而来。若是他们通过不正当的途径得来的，那就好比做了强盗未被发现一样，这怎么能叫人不发愁反而高兴呢？你现在拿着国家的俸禄，如果不能忠诚、清廉，即便是每天给我杀猪宰羊，我也吃不下去啊！"崔玄在母亲的教育下，以为官清廉、谨慎闻名于当时。

【原文】

汉汝南功曹范滂坐①党人被收，其母就与诀曰："汝今得与李杜②齐名，死亦何恨！既有令名，复求寿考③，可兼得乎？"滂跪受教，再拜而辞。

党锢之祸

党锢之祸指东汉桓帝、灵帝时，士大夫、贵族等对宦官乱政的现象不满，与宦官发生党争的事件。事件因宦官以"党人"罪名禁锢士人终身而得名。前后共发生过两次。党锢之祸以宦官诛杀士大夫一党几尽而结束，当时的言论以及日后的史学家多同情士大夫一党，并认为党锢之祸伤汉朝根本，为黄巾之乱和汉朝的最终灭亡埋下伏笔。

中国古代教育智慧

司马昭

司马昭（211年—265年），字子上，河内温人（今河南温县）。甘露五年，杀魏帝曹髦，另立曹奂为帝。景元四年，灭蜀国。自称晋公，后加晋王。其子司马炎代魏称帝建立晋朝后，追尊司马昭为文帝，庙号太祖。

【注释】

①坐：定罪，由……而获罪。
②李杜：此指东汉"党锢之祸"中的李膺、杜密。
③寿考：年高，长寿。

【译文】

汉代汝南功曹范滂受党人牵连被收执，他的母亲与他诀别，说："你为正义而死，得以与李杜齐名，死又有什么遗憾的呢？你既已获得了名节，还怎么去追求长寿呢，这二者岂可都占全呢？"范滂跪地领受教诲，向母亲拜了两拜，辞别而去。

【原文】

魏高贵乡公将①讨司马文王，以告侍中王沈、尚书王经、散骑常侍王业。沈、业出走②告文王，经独不往。高贵乡公既薨，经被收③。辞母，母颜色④不变，笑而应曰："人谁不死，但恐不得死所，以此并命⑤，何恨之有？"

【注释】

①将：准备，将要。
②出走：出逃，暗中离去。
③被收：遭拘捕。
④颜色：指显示给人看的利害的脸色。
⑤并命：共命运，同死。

【译文】

魏高贵乡公准备征讨司马文王，他把这个打算告诉了侍中王沈、尚书王经和散骑常侍王业。王沈和王业出来后，就跑到司马文王那儿告

《家范》的教育智慧

了密,唯独王经没有去。后来,高贵乡公去世,王经于是被收执。王经去和母亲告别,母亲脸色不变,笑着说:"人哪有不死的,只怕死得不值得,你为正义而死,又有什么遗憾的呢?"

【原文】

汉明德马皇后无子,贾贵人生肃宗。显宗命后母养之,谓曰:"人未必当自生子,但患爱养不至耳。"后于是尽心抚育,劳瘁①过于所生。肃宗亦孝性淳笃②,恩性天至,母子慈爱,始终无纤介③之间。古今称之,以为美谈。

【注释】

①劳瘁:因辛劳过度而致身体衰弱。
②淳笃:质朴厚重。
③纤介:细微,细小。

【译文】

汉明德马皇后自己没生儿子,贾贵人生下了肃宗。显宗命后母抚养肃宗,并且说:"人不一定只有自己生的孩子才感情好,只怕你爱护养育的恩情不够啊!"后母于是尽心竭力地抚养肃宗,其辛劳的程度超过了亲生子。肃宗对待后母也非常诚恳孝顺,自然就产生了养育之恩,他们母子慈爱,始终没有一点隔阂。这件事古今传诵,成为美谈。

【原文】

隋番州刺史陆让母冯氏,性仁爱,有母仪。让即其孽子①也,坐赃②当死。将就刑③,冯氏蓬头垢面诣④朝堂,数让罪,于是流涕呜咽,亲持杯粥劝让食,既而上表求哀,词情甚切。

汉明帝

汉明帝刘庄(28年—75年),字严。中元二年(57年)即皇帝位。明帝以及随后的章帝在位期间,史称"明章之治"。永平十八年(75年)八月,死于洛阳。葬于显节陵(今河南洛阳市东南)。庙号显宗,谥号孝明。

中国古代教育智慧

隋文帝

隋文帝杨坚（541年—604年），隋朝开国皇帝。华阴人，581年，外戚杨坚以"受禅"为名，废北周静帝而自立，改年号为"开皇"，建立了隋朝，结束了中国数百年的分裂局面，为我国封建社会隋唐盛世的出现奠定了基础。

上⑤愍然⑥为之改容，于是集京城士庶于朱雀门，遣舍人宣诏曰："冯氏以嫡母之德，足为世范，慈爱之道，义感人神。特宜矜免，用奖风俗。让可减死⑦，除名⑧。"复下诏褒美之，赐物五百段，集命妇⑨与冯相识，以旌宠异。

【注释】

①孽子：庶子，非正妻所生之子。
②坐赃：犯贪污罪。
③就刑：接受刑罚，多指被处决。
④诣：前往，去到。
⑤上：这里指隋文帝。
⑥愍然：怜悯的样子。
⑦减死：减免死刑。
⑧除名：把姓名从名册上除掉，指取消原有资格，除籍。
⑨命妇：古时被赐予封号的妇女，一般为官员的母亲、妻子。

【译文】

隋朝刺史陆让的母亲冯氏，生性仁爱，有慈母的风范。陆让是她的庶子，犯了贪赃枉法的罪，应当被处死。即将受刑的时候，冯氏蓬头垢面来到朝堂，首先数落陆让的罪行，流涕痛哭，亲自捧着一碗粥劝陆让吃，接着上书皇上哀求，言词悲哀，情真意切。皇上怜悯而为之改变了态度，于是召集京城的士庶官员来到朱雀门，由舍人宣读诏书："冯氏以非亲生母亲的身份善待庶子的品德，足以成为世人的典范，她的慈爱之道，义感人神。应当嘉奖勉励,以净化风俗。陆让可以免去死罪,予以除名。"又下诏褒奖冯氏,赏赐五百段布帛,还召集那些有身份的妇女与冯氏认识,以示对她的特殊恩宠。

《家范》的教育智慧

教子书盘

【原文】

汉安众令汉中程文矩妻李穆姜,有二男,而前妻四子以母非所生,憎毁①日积。而穆姜慈爱温仁,抚字②益隆,衣食资供,皆兼倍所生。或谓母曰:"四子不孝甚矣,何不别居以远之?"对曰:"吾方以义相导,使其自迁善也。"及前妻长子兴疾困笃③,母恻隐,亲自为调药膳,恩情笃密。兴疾久乃瘳④,于是呼三弟谓曰:"继母慈仁,出自天爱,吾兄弟不识恩养,禽兽其心。虽母道益隆,我曹过恶亦已深矣!"遂将三弟诣南郑狱,陈母之德,状己之过,乞就刑辟⑤。县言之于郡。郡守表异其母,蠲除⑥家徭,遣散四子,许以修革⑦。自后训导愈明,并为良士。今之人,为人嫡母而疾⑧其孽子,为人继母而疾其前妻之子者,闻此四母之风,亦可以少愧矣?

【注释】

①憎毁:憎恶诋毁。

②抚字:抚养。

③困笃:病重,病危。

④瘳:病愈。

⑤刑辟:刑法,刑律。

⑥蠲除:废除,免除。

⑦修革:改正革新,改变。

中国古代教育智慧

彩绘人物故事漆屏

出土于北魏司马金龙墓,漆屏风用木板制成,出土时较完整的有五块,遍涂朱漆然后作画,有黄色墨书榜题和题记。屏风两面原皆有画,入葬时朝下的一面腐蚀严重,原貌难以辨别,向上一面保存较完好。图中所示为尚能拼合的第一、第二块向上的一面。第一、二块屏风画用栏界分为四层。其中第三层两个人物为鲁师春姜及春姜女像。

⑧疾:厌恶,憎恨。

【译文】

汉代安众令汉中程文矩的妻子李穆姜,有两个儿子,而丈夫前妻的四个儿子认为李穆姜不是生身母亲,便越来越憎恶她。可是穆姜慈爱温和,抚养他们更加尽心尽力,给他们分配衣食的时候,总是比给她的亲生儿子多。有人劝她说:"这四个孩子这么不孝顺,你为何不迁居别处远离他们呢?"穆姜说:"我正以仁义道德诱导他们,让他们自己弃恶向善。"后来,丈夫前妻的长子兴疾得了重病,境况十分困顿,穆姜很同情他,亲自为他熬药调膳,恩情甚深。这样过了很久,兴疾康复之后,他叫来三个弟弟,对他们说:"继母慈祥仁爱,出自天性。我们兄弟不懂得她的恩养之情,心如禽兽,继母的仁爱日渐加深,而我们的罪过也更加深重了!"于是他带着三个弟弟来到南郑监狱,陈述继母的优良品德,供述自己的罪过,请求官府治罪。县令将这件事禀报郡守,郡守没有治他们的罪,还表彰他们的后母,免除他们的徭役,令他们兄弟回家,允许他们改过自新。此后穆姜训导儿子愈加严明,这兄弟几个后来都成了为人们所称道的良士。现在那些虽身为嫡母,却不善待非亲生子;作为人的继母而不善待前妻之子的,听了以上四位母亲的事迹,难道一点惭愧都没有吗?

【原文】

鲁师春姜嫁其女,三往而三逐。春姜问其

《家范》的教育智慧

故。以轻侮①其室人也。春姜召其女而笞②之，曰："夫妇人以顺从为务。贞悫③为首。今尔骄溢④不逊以见逐，曾不悔前过。吾告汝数矣，而不吾用。尔非吾子也。"笞之百，而留之三年。乃复嫁之。女奉守节义，终知为人妇之道。今之为母者，女未嫁，不能诲也。既嫁，为之援，使挟己以凌其婿家。及见弃逐⑤，则与婿家斗讼⑥。终不自责其女之不令也。如师春姜者，岂非贤母乎？

【注释】

①轻侮：轻蔑侮辱。
②笞：用鞭、杖、竹板抽打。
③贞悫：坚贞诚信。
④骄溢：骄傲自满，盛气凌人。
⑤弃逐：舍弃驱逐。
⑥斗讼：争讼。

【译文】

鲁师春姜嫁出去的女儿，三次送到婆家，三次都被赶回了娘家。春姜询问婆家这是为什么，婆家的人回答说："你的女儿经常轻慢、侮辱婆家的人。"于是春姜把女儿叫来，一边鞭打，一边教训说："作为人妇最大的美德就是要顺从，而且首先要忠贞诚实，现在你因为傲慢无礼被驱逐回家，几次都不能悔过。我已经和你讲过好几次了，你却不能听我的话。既然这样，你就不是我女儿了。"鞭打女儿上百下，并留女儿在家住了三年。三年后再次出

"妇德"班婕妤

班婕妤（前48年？—公元2年），西汉女辞赋家，是中国文学史上以辞赋见长的女作家之一。祖籍楼烦（今山西朔县宁武附近）人，是汉成帝的妃子，善诗赋，有美德。婕妤并非班氏的名字，而是汉代后宫嫔妃的称号。因班氏曾入宫被封婕妤，后人一直沿用这个称谓，以致其真实名字无从可考。相传班婕妤是越骑校尉班况的女儿，也就是《汉书》的撰写者班固和出使西域的名将班超的姑母。

中国古代教育智慧

岳母刺字图

嫁，女儿恪守礼义，终于知道为人妇的道理了。现在做母亲的却往往做不到这些，女儿在未出嫁之前就不能教诲；出嫁之后，又做女儿的后台，让女儿依仗娘家的势力去欺凌女婿家。等到女儿被婆家驱逐回娘家，则又兴师动众，与人家打斗或公堂争讼。就是不去责怪自己的女儿不守妇道。这样对比起来，师春姜难道不能被称为贤母吗？

【故事】

岳母刺字

八百多年前，河南省汤阴县岳家庄的一户农民家里，生了一个小男孩。他的父母想：给孩子起个什么名字好呢？就在这时，一群大雁从天空而过，父母高兴地说："好，就叫岳飞。愿吾儿像这群大雁，飞得又高又远。"名字就这样定下来了。

岳飞出生不久，黄河决口，滚滚的黄河水把岳家冲得一贫如洗，生活十分艰难。

岳飞虽然从小家境贫寒，食不果腹，但他受母亲的严教，性格倔强，为人刚直。

《家范》的教育智慧

一次，岳飞有几个结拜兄弟，因为没有饭吃，要去拦路抢劫，他们来约岳飞。岳飞想到母亲平时的教导，没有答应，并且劝他们说："拦路抢劫，谋财害命的事儿，万万不能干！"众兄弟再三劝说，岳飞也没动心。岳母从外面回来，岳飞一五一十地把情况告诉了母亲，母亲高兴地说："孩子，你做得对，人穷志不穷，咱不能做那些伤天害理的事！"

岳飞十五六岁时，北方的金人南侵，宋朝当权者腐败无能，节节败退，国家处在生死存亡的关头。

岳飞亲眼目睹当时中原人民的悲苦生活，逐渐有坚决抗击女真贵族民族压迫、收复故土、统一祖国的强烈愿望和要求。

他的想法被他的母亲所知晓。一天，岳母把岳飞叫到跟前，说："现在国难当头，你有什么打算？"

"到前线杀敌，精忠报国！"

岳母听了儿子的回答，十分满意，"精忠报国"正是母亲对儿子的希望。她决定把这四个字刺在儿子的背上，让他永远记着这一誓言。岳飞解开上衣，请母亲下针。岳母问："你怕痛吗？"岳飞说："小小钢针算不了什么，如果连针都怕，怎么去前线打仗！"岳母先在岳飞背上写了字，然后用绣花针刺了起来。刺完之后，岳母又涂上醋墨。从此，"精忠报国"四个字就永不褪色地留在了岳飞的后

岳飞塑像

岳飞（1103年—142年），军事家、抗金名将。字鹏举，谥"武穆"，后改谥"忠武"。绍兴十一年（1141年），秦桧以"莫须有"（或许有）的罪名将岳飞治罪，后在临安大理寺狱中将其害死，时年三十九岁。留有《岳武穆集》（又称《武穆遗书》）。

中国古代教育智慧

岳飞及岳家军

背上。

后来,岳飞以"精忠报国"为座右铭,奔赴前线,英勇杀敌,立下赫赫战功,成为一名抗金名将。

正如他在词中所讲:

怒发冲冠,凭栏处,潇潇雨歇。

抬望眼,仰天长啸,壮怀激烈。

三十功名尘与土,八千里路云和月。

莫等闲,白了少年头,空悲切!

靖康耻,犹未雪。

臣子恨,何时灭?

驾长车,踏破贺兰山阙!

壮志饥餐胡虏肉,笑谈渴饮匈奴血。

待从头,收拾旧山河,朝天阙!

子上篇

【原文】

《孝经》曰:"夫孝,天之经也,地之义也,民之行也。天地之经,而民是则之。"又曰:"不爱其亲而爱他人者,谓之悖德;不敬其亲而敬他人者,谓之悖礼。以顺则逆,民无则焉。不在于善,而皆在于凶德。虽得之,君子不贵也。"又曰:"五刑之属三千,而罪莫大于不孝。"

孟子曰:"不孝有五:惰其四支①,不顾父母之养,一不孝也;博弈好饮酒,不顾父母之养,二不孝也;好货财,私②妻子,不顾父母之养,三不孝也;从耳目之欲,以为父母戮③,四不孝也;好勇斗狠以危父母,五不孝也。"夫为人子,而事亲或亏,虽有他善累百,不能掩也,可不慎乎?

【注释】

①四支:四肢。《易·坤》:"君子黄中通理,正位居体,美在其中,而畅於四支,发於事业,美之至也。"孔颖达疏:"四支,犹人手足,比於四方物务也。"

②私:偏爱。

③戮:羞辱。

【译文】

《孝经》说:"孝顺,就像天上日月运行一样是永恒的规律,也像地上万物生长一样是

《家范》的教育智慧

孔颖达

孔颖达(574年—648年),字冲远(一作仲达、冲澹),冀州衡水(今属河北)人。唐朝经学家,奉唐太宗之命编纂的《五经正义》,融合了南北经学家的见解,是集魏晋南北朝以来经学大成的著作。

中国古代教育智慧

孟子

不变的法则,更是天下民众的行为准则。天地间的规律,万民都要遵循。"又说:"不喜爱自己的亲人却去喜爱他人,这叫做违背道德;不敬重自己的父母却敬重别人,这是违反礼法。君王训导万民要尊敬爱戴父母,而有的人却违背道德和礼法,这种人即使能得志,君子也不以此为贵。"又说:"五种刑罚的罪状包括三千条,而其中罪恶最大的就是不孝。"

孟子说:"不孝顺有五种情状:好逸恶劳,不顾父母的养育之恩,这是第一种不孝;沉湎于赌博和酗酒,不顾父母的养育之恩,这是第二种不孝;贪图钱财,只顾自己的妻子儿女,却不顾父母的养育之恩,这是第三种不孝;寻欢作乐,给父母带来耻辱,这是第四种不孝;喜欢打架斗殴而危及父母,这是第五种不孝。"做为人子,在侍奉父母方面如果做得不够,即便其他的长处优点再多,也不能掩盖他的罪过。所以为人子女能不小心谨慎吗?

【原文】

《经》曰:"君子之事亲也,居则致①其敬,养则致其乐,病则致其忧,丧则致其哀,祭则致其严。"

【注释】

①致:表达。

【译文】

《孝经》说:"君子侍奉父母亲,平日家居要尽量做到恭敬,赡养父母要让父母得到欢乐,父母生病了就要忧虑,父母去世就要表现得十分哀痛，祭祀父母时要非常严肃。"

【原文】

孔子曰："今之孝者，是谓能养。至于犬马，皆能有养。不敬，何以别乎？"《礼》：子事父母，鸡初鸣，咸①盥漱，盛②容饰③以适④父母之所。父母之衣衾、簟席、枕几⑤不传，杖、履祗⑥敬之，勿敢近。敦、牟、卮⑦，非馂莫敢用。在父母之所，有命之，应唯敬对，进退周旋慎齐。升降、出入揖逊。不敢哕噫、嚏咳、欠、伸、跛、倚、睇视⑧，不敢唾洟。寒不敢袭，痒不敢搔。不有敬事，不敢袒裼。不涉不撅。为人子者，出必告，反必面。所游必有常，所习必有业，恒言不称老。

又："为人子者，居不主奥⑨，坐不中席，行不中道，立不中门。食飨不为概⑩，祭祀不为尸。听于无声，视于无形。不登高，不临深，不苟訾，不苟笑。孝子不服闇，不登危，惧辱亲也。"

孔子画像

【注释】

①咸：全部，都。

②盛：整饬，端正。

③容饰：装饰，打扮。《史记·孔子世家》："今孔子盛容饰，繁登降之礼，趋详之节，累世不能殚其学。"

④适：往，到。

⑤衣衾、簟席、枕几：衣衾，衣服与被子。簟席，竹席。枕几，枕头。

⑥履祗：指鞋子。

春秋战国青铜敦

⑦敦、牟、卮：敦，古代食器。青铜制，盖和器身都作半圆球形，各有三足或圈足，上下合成球形，盖可倒置，流行于战国时期。牟，属瓦器皿。卮，古代盛酒器。

⑧哕噫、嚏、咳、欠、伸、跛、倚、睇视：哕噫，打呃，打嗝儿。嚏，打喷嚏。咳，咳嗽。欠，打哈欠。伸，伸懒腰。跛，一瘸一拐地走。倚，斜靠。睇视，斜视，细看。

⑨奥：古时指房屋的西南角。古时祭祀设神主或尊者居坐之处。

⑩概：衡量，量，限量。

【译文】

孔子说："如今的所谓孝子，仅仅称得上是能够赡养父母。但是狗和马，不也被养着吗？如果赡养父母不表现出恭敬来，那么这与养狗养马又有什么区别呢？"《礼记》说：子女侍奉父母，在鸡刚叫的时候就要起床洗漱，穿戴整齐去拜见父母。父母所用的衣被、炕席、枕头等，不能去随便移动，即便是对父母的拐杖和鞋子，也要恭恭敬敬，不能随便靠近。父母使用的食器、酒具，在父母用完之后，才能使用。在父母的居所，如果父母有所吩咐，应答都要唯唯喏喏、恭恭敬敬。进退周旋要谨慎而庄重，举止行动要有礼而谦逊，不能放肆地打呃、打喷嚏、咳嗽、打哈欠、伸懒腰、跛行、斜靠、斜眼看人看物，也不能随便吐唾沫、擤鼻涕。即便是冷，也不能在衣服外边再套衣服；即便是痒，也不能去搔。如果不是受父母之命，不敢随便脱去外边的衣服。自己身上的衣服要穿戴齐整，不要拖来拖去，或随便撩起来。为人之子，出门必须向父母告辞，回家必须向父母问安。出游必须有规矩，学习必须有所立业，说话不能摆资格。

《礼记》里又说："为人之子，住房不能占据西南角尊长的位置，坐的时候不能坐在正中间，走路也不能走中间，站立不能站在门的中间，吃饭不能挑三拣四，祭祀时不能充当受祭者而接受别人的礼拜。默默倾听别人的意见，不要多插嘴；察颜观色，善解人意。为人子，不能登高临深，冒险行事，不能胡乱骂人，不能随便说笑。孝子不在暗地里做事，不到危险的地方，怕的是因为自己的行为辱没了父母。"

《家范》的教育智慧

宋武帝画像

【原文】

宋武帝即大位，春秋①已高，每旦朝②继母萧太后，未尝③失时刻。彼为帝王尚如是，况士民乎？

【注释】

①春秋：指年龄。
②朝：早晨省亲。子、媳向父母、公婆请安。
③未尝：不曾。

【译文】

南朝宋武帝登基称帝时，年事已高，但是他每天清晨都要朝拜继母萧太后，而且从未错过时刻。他做了帝王，尚且能够这般孝顺母亲，更何况一般的士人百姓呢？

中国古代教育智慧

萧衍

梁武帝（464年—549年），名萧衍，字叔达，南兰陵（今江苏常州）人。萧衍博学能文，长于音乐诗赋，并擅书法。齐时，为"竟陵八友"之一。曾任雍州刺史，镇守襄阳。后乘齐内乱，起兵夺取帝位，建立梁朝，是为梁武帝。在位其间，重用士族，制九流常选，又立国学，招五馆生，不限门第立集雅馆、士林馆等。梁武帝深通佛学，常大兴寺庙，曾三次舍身同泰寺，并常在那里讲经。大同二年（547年）接受东魏大将侯景归降。次年，侯景叛乱，引兵渡江，攻破京都，萧衍被拘禁而卒。死后诸子争立，梁朝瓦解。

【原文】

梁临川静惠王宏，兄懿为齐中书令，为东昏侯①所杀，诸弟皆被收②。僧慧思藏宏，得免。宏避难潜伏，与太妃异处，每遣使恭问起居。

或谓："逃难须密，不宜往来。"宏衔泪③答曰："乃可④无我，此事不容暂废。"彼在危难尚如是，况平时乎？

为子者不敢自高贵，故在《礼》："三赐不及车马。"不敢以富贵加于父兄。

【注释】

①东昏侯：萧宝卷，齐明帝萧鸾之子，在位四年。永元三年（501年）被杀，终年十九岁。他是中国历史上著名的荒唐皇帝，萧衍掌权后，授意宣德太后夺去萧宝卷的帝号，追封为东昏侯。

②被收：遭拘捕。

③衔泪：含着泪水。

④乃可：宁可，宁使。

【译文】

梁代临川静惠王萧宏的哥哥懿担任齐朝中书令，被东昏侯所杀，几个弟弟都被收斩。和尚慧思将萧宏藏匿起来，因此萧宏得以幸免。萧宏潜伏避难，与太妃异地而居，但是他还经常派人问候太妃的起居生活。

有人对他说："你正在逃难，必须保密，不应该和太妃来往。"萧宏流泪答道："宁可让我去死，也不能不行孝道。"他身处危难之

《家范》的教育智慧

中尚且能如此尽孝道，何况平时呢？

做为人子，不能在父母面前显示身份高贵，所以《礼记》中说："三赐不及车马。"不敢在父兄面前表现自己的富有和尊贵。

【原文】

国初，平章事王溥，父祚有宾客，溥常朝服侍立。客坐不安席。祚曰："豚犬①，不足为之起。"此可谓居则致其敬矣。

谨听父母教诲

【注释】

①豚犬：用以谦称自己的儿子。

【译文】

宋朝初年，平章事王溥的父亲王祚每当在家招待客人的时候，王溥就穿着上朝的衣服侍立一旁。客人坐着颇觉不安。王祚就说："他是我的儿子，不必因为他是平章事就起身。"这可以说是为子女的平日家居就要表示对父母的恭敬。

【原文】

《礼》："子事父母，鸡初鸣而起，左右佩服①以适父母之所。及所，下气怡声②，问衣燠寒③，疾痛苛痒④，而敬抑搔之。出入则或先或后，而敬扶持之。进盥，少者奉槃⑤，长者奉水，请沃盥⑥，卒，授巾。问所欲而敬进之，柔色以温之。"父母之命勿逆勿怠。若饮之食之，虽不嗜，必尝而待；加之衣服，虽不欲，必服而待。

中国古代教育智慧

郑玄

郑玄（127年—200年），字康成，汉北海高密（今山东高密市）人。自小勤奋好学，通音律，擅琴瑟，十三岁能诵五经，有"神童"之称。他得到当时北海国相杜密器重，被推荐入太学深造。郑玄是中国古代影响很大的经学大师，他的学术成就被后学叫做"郑学"，他为后人留下很多有价值的著作，由其注释的《诗经》《国礼》《仪礼》《礼记》被后人重视。

又，"子妇无私货，无私畜，无私器。不敢私假，不敢私与。"

又，为人子之礼，冬温而夏清⑦，昏定而晨省⑧，在丑夷⑨不争。

【注释】

①佩服：穿带，佩挂。

②下气怡声：下气，态度恭顺。怡声，声音和悦。形容声音柔和，态度恭顺。

③燠：温暖。

④苛痒：疥疮，一种刺痒的皮肤病。

⑤槃：盛盘，亦特指盛水盘。

⑥沃盥：浇水洗手。

⑦冬温而夏清：冬天使父母温暖，夏天使父母凉爽。指人子孝道。亦泛称冬暖夏凉。《张猛龙碑》："冬温夏清，晓夕承奉。"

⑧昏定而晨省：昏，天刚黑。省，探望，问候。晚间服侍就寝，早上省视问安。旧时侍奉父母的日常礼节。

⑨丑夷：指侪辈。古称年辈相同、学行相类的人。郑玄注："丑，众也；夷，犹侪也。"孔颖达疏："皆等类之名。"

【译文】

《礼记》说："子女侍奉父母，在鸡刚叫的时候就要起床，穿戴整齐到父母的居室。到了父母的居所，要和颜悦色，向父母问寒问暖。父母如果有疾病痒痛，就要非常恭敬地去想办法解除。如果是与父母一起出入，就或者在前边引导，或者在后边侍奉，非常恭敬地去搀扶。扶父母进了洗漱间,年纪小的赶快端来脸盆,年纪大的给倒上水,请父母洗脸。洗罢,将毛巾递过去。然后再问父母需要什么,及时奉送上去,还要用柔和的态度来慰藉父母。"对于父母的吩咐,不能违逆,也不能应付。如果是父母让你吃喝,即使不对你的口味,你也必须吃一点,然后听从父母的吩咐;如果是父母给你一件衣服,你即使不喜欢,也一定要先穿在身上,然后等父母让你脱,你再脱去。

《礼记》又说:"儿子和媳妇不能私自积蓄家产,也不能有自己的用具东西。不能私自向别人借东西,也不能私自将家里的东西送给别人。"

《礼记》还说:作为人的子女,应该奉行这样的礼数:冬天要为父母温暖被褥,夏天要为父母扇凉卧席;晚上要为父母安顿好床铺,早晨要向父母问安。而且不能和兄弟姐妹们有所争执。

曾子

【原文】

孟子曰:"曾子养①曾皙,必有酒肉;将彻②,必请所与③。问有馀④,必曰:'有。'曾皙死,曾元⑤养曾子,必有酒肉。将彻,不请所与,问有馀,曰:'亡⑥矣。'将以复进⑦也。此所谓养口体⑧者也。若曾子,则可谓养志⑨也。事亲若曾子者,可也。"

【注释】

①养:奉养。

中国古代教育智慧

戏彩娱亲

②彻：吃完饭撤去炊具。

③与：赐予，给予。

④馀：通"余"。剩余，多余。

⑤曾元：曾参的长子。

⑥亡：通"无"。没有。

⑦进：进献。

⑧口体：口和身体。

⑨养志：指奉养父母能顺从其意志。汉桓宽《盐铁论·孝养》："故上孝养志，其次养色，其次养体。"

【译文】

孟子说："先前曾子奉养他的父亲曾皙，每顿饭一定有酒肉；撤的时候一定要问，剩下的给谁；曾皙若问还有剩饭吗？曾子一定回答，'有。'曾皙死了，曾元养曾子，也一定有酒肉。撤的时候，便不问剩下的给谁了；曾子若问还有剩饭吗？便说：'没有了。'意思是留下预备以后进用。这个叫做口体之养。至于曾子对父亲，才可以叫做顺从亲意之养。侍奉父母做到像曾子那样就可以了。"

【原文】

老莱子孝奉二亲，行年①七十，作婴儿戏，身服五采斑斓之衣。尝取水上堂，诈②跌仆卧地，为小儿啼，弄雏于亲侧，欲③亲之喜。

【注释】

①行年：指将到的年龄。

②诈：假装，冒充。
③欲：想要，希望。

【译文】

老莱子孝顺地侍奉父母，年纪快七十了，还玩婴儿的游戏。他身着五彩斑斓的衣服，把水端到堂上，装作跌仆卧倒在地，又假装小孩啼哭，在父母身边摆弄小孩，目的是想让父母高兴。

江革负母

【原文】

汉谏议大夫江革，少失父，独与母居。遭天下乱，盗贼并起，革负①母逃难，备经险阻，常采拾②以为养，遂得俱全于难。革转客下邳，贫穷裸跣③行，佣以供母，便身之物，莫不毕给④。建武末年，与母归乡里，每至岁时，悬当案比⑤，革以老母不欲摇动，自在辕中挽车，不用牛马。由是乡里称之曰"江巨孝"。

【注释】

①负：通"背"。背负。
②采拾：采摘拾取。
③裸跣：露体赤脚。
④毕给：指齐备。
⑤案比：案户比民。《后汉书·安帝纪》："方今案比之时，郡县多不奉行。"李贤注："谓案验户口，次比之也。"

【译文】

东汉谏议大夫江革，少年时丧父，与母亲

江革行佣供母

居住在一起。时逢天下大乱,盗贼并起,江革背着母亲逃难,历尽艰难险阻,常常靠采拾野菜来赡养母亲,因此母子得以幸免于难。江革转而客居下邳,因为贫穷,就赤着脚行走,他依靠给人打工来赡养母亲。随身所用之物,都给母亲准备齐全。建武末年,他与母亲一起回到故乡。每至岁时,县里就清理户口,江革因为老母害怕摇动颠簸,就自己驾辕拉车,不用牛马。因此乡里称他为"江巨孝"。

【原文】

晋西河人王延,事亲色养①,夏则扇枕席,冬则以身温被,隆冬盛寒,体无全衣,而亲极滋味。

【注释】

①色养:人子和颜悦色奉养父母或承顺父母颜色为"色养"。

【译文】

晋代西河人王延,很孝顺地侍奉父母,夏天就在父母枕边扇凉风,冬天就以身为父母暖被。隆冬严寒,他自己体无全衣,而父母亲却生活得很好。

【原文】

宋会稽何子平,为扬州从事吏,月俸得白

《家范》的教育智慧

米,辄①货市②粟麦。人曰:"所利无几,何足为烦?"子平曰:"尊老在东,不办得米,何心独飨白粲③!"每有赠鲜肴者,若不可寄至家,则不肯受。后为海虞令,县禄唯供养母一身,不以及妻子。人疑其俭薄④。子平曰:"希禄本在养亲,不在为己。"问者惭而退。

【注释】

①辄:总是,每次。
②货市:指买卖。
③白粲:即白米。
④俭薄:指俭朴。

孝敬父母

【译文】

宋代会稽人何子平,担任扬州从事吏,每月俸禄所得的白米,总要拿去卖掉买粟麦。有人说:"卖了米再买粟麦获利并不多,何必要那么麻烦呢?"子平说:"我母亲住在东边,不能得到白米,我怎么能独自享受白米呢!"每次有人送给他好吃的东西,如果不能寄到家里,他就不肯接受。后来他担任海虞县令,所得俸禄只供养母亲一个人,完全不顾及妻子儿女。有人怀疑他过于节俭小气。子平就说:"我之所以出来求官,原本就是为供养父母,而不是为了自己。"向他问话的人羞惭而退。

【原文】

同郡郭原平养亲,必以己力,佣赁①以给供养。性甚巧,每为人佣作,止取散夫②价。主人没食,原平自以家贫,父母不办有肴饭,唯餐

中国古代教育智慧

班超

班超（32年—102年），字仲升，扶风平陵（今陕西咸阳东北）人，东汉著名的军事家和外交家。班彪子，班固弟。永平十六年（73年）从窦固击北匈奴，奉命率吏士三十六人赴西域，巩固汉在西域的统治。从章和元年（87年）到和帝永元六年（94年），班超平定西域，任西域都护，封定远侯。九年曾遣甘英出使大秦（今罗马），抵达安息西境，未至大秦而还，十四年回到洛阳，拜射声校尉，不久病死。

盐饭而已。若家或无食，则虚中竟日，义不独饱，须日暮作毕，受直③归家，于里籴④买，然后举爨⑤。

【注释】

①佣赁：指受雇于人。

②散夫：短工。

③受直：得到报酬。《后汉书·班超传》："为官写书，受直以养老母。"

④籴：买进粮食。

⑤爨：炉灶。一种土、陶制的厨房炉子、灶。

【译文】

同郡郭原平侍养父母，一定要靠自己的劳动所得来供养。他秉性灵巧，每次为人做工，只取散夫零工的价钱。主人供饭，郭原平认为家中贫穷，父母吃不上荤菜，自己也就只吃盐饭。如果家中没有粮食，他也就整天不吃饭，等到天黑收工，拿了工钱回家的时候，再出去买些粮食，然后回家做饭。

【原文】

唐曹成王皋为衡州刺史，遭诬在治①，念太妃老，将惊而戚②，出则囚服就辟③，入则拥笏垂鱼④，坦坦⑤施施⑥，贬潮州刺史，以迁入贺。既而事得直，复还衡州，然后跪谢告实。此可谓养则致其乐矣。

【注释】

①在治：指被依法究诘审理。

②戚：忧愁，悲伤。

③就辟：指受刑。

④拥笏垂鱼：笏，笏板。古代君臣在朝廷上相见时手中所拿的狭长板子，按品第分别用玉、象牙或竹制成，以为指画及记事之用。垂鱼，佩带鱼袋。唐制五品以上官员于腰间佩带金银鱼袋为饰。拥笏垂鱼指穿着朝服。

⑤坦坦：安定，泰然。

⑥施施：形容扬扬得意。

"行冠礼"（今人模拟图）

【译文】

唐代曹成王皋担任衡州刺史时，受他人诬告将要被治罪。他想到太妃年老，将会为这件事惊慌、愁苦。于是出了家门他就穿着囚徒的衣服准备受刑，一回到家里就官服装束，装出一副坦然快乐的样子。后来他被贬为潮州刺史，就假装他要升迁调动，回家向太妃表示祝贺。不久，他的冤案得以平反，他又回到衡州，他才向太妃跪禀实情。这可以称之为赡养父母就要想方设法让他们享受欢乐。

【原文】

《礼》：父母有疾，冠者①不栉②，行不翔③，言不惰④，琴瑟不御。食肉不至变味，饮酒不至变貌，笑不至矧⑤，怒不詈⑥，疾止复故。

【注释】

①冠者：古代男子到成年则举行加冠礼，叫做冠。一般在二十岁。这里指成年子女。

②栉：用梳子梳头发。

周文王

③翔：悠闲自在地行走。
④惰：不恭敬。
⑤龀：齿龈。
⑥詈：谩骂。

【译文】

《礼记》说：父母有病的时候，成年子女不能梳头打扮，走路也不能像平日那样轻捷，不说闲话，不能鼓琴弄瑟。吃肉不能讲究滋味，喝酒要少，笑不露齿，怒不能骂人，父母病愈后，子女方能恢复常态。

【原文】

文王之为世子，朝于王季，日三。鸡初鸣而衣服，至于寝门外，问内竖①之御者曰："今日安否？何如？"内竖曰："安。"文王乃喜。及日中，又至。亦如之。及莫②又至，亦如之。其有不安节，则内竖以告文王。文王色忧，行不能正履。王季复膳，然后亦复初。

武王帅而行之，不敢有加焉。文王有疾，武王不脱冠带而养。文王一饭亦一饭，文王再饭亦再饭。旬有二日，乃间。

【注释】

①内竖：宫内小臣。
②莫：表示傍晚，天快黑了。

【译文】

周文王为世子的时候，每天上朝问候君父季历三次。鸡刚叫的时候他就穿好衣服，来到父亲的寝门外边，问值班人员："君父今天可好吗？他老人家怎么样？"值班人员说："很好。"周文王便喜形于色。到中午，周文王又来到父亲的寝门外，又如早晨一般问候。到日暮的时候又来问候。如果父亲有不舒服的地方，值班人员就告诉给文王，文王就表现得非常忧愁，连走路都是歪歪斜斜的。直到父亲重新开始吃饭，文王才恢复如初。

后来周武王完全遵循父亲文王的做法行事，不敢有一点改动。文王有病的时候，武王则不脱衣服，不解冠带地侍奉。如果文王吃一次饭，他也只吃一次饭；文王吃两次饭，他也吃两次饭。这样整整一旬零两天，父亲的病才痊愈。

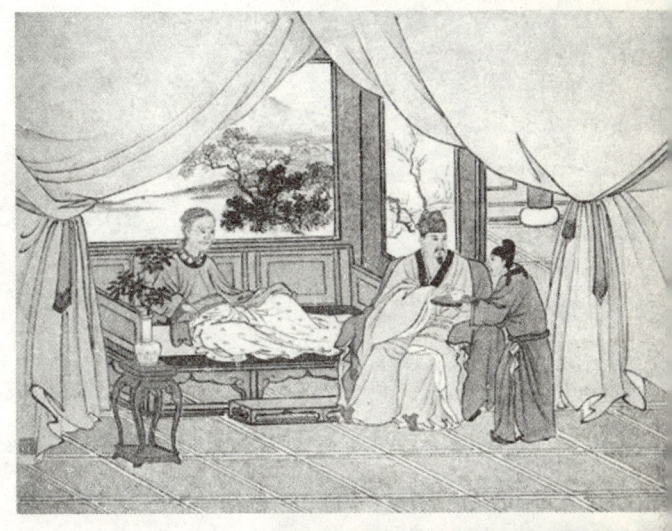

汉文帝亲尝汤药

【原文】

汉文帝①为代王时，薄太后常病。三年，文帝目不交睫②，衣不解带③，汤药非口所尝弗④进。

【注释】

①汉文帝：汉文帝刘恒（前202年—前157年），是汉朝的第三位皇帝，谥号"孝文帝"。公元前180—公元前157年在位。他在位期间，继续执行与民休息和轻徭薄赋的政策，使得他在位的二十三年成为汉朝从国家初定走向繁荣昌盛的过渡时期。与汉景帝并列为"文景之治"。后葬于灞陵，庙号"太宗"。

②目不交睫：交睫，上下睫毛相交接，即闭

中国古代教育智慧

汉文帝亲尝汤药

眼。没有合上眼皮。形容夜间不睡觉或睡不着。

③衣不解带：解带，解开衣带，指脱衣。因事过度操劳，以致不能脱衣安睡。也形容看护病人十分辛劳（多指对长辈）。

④弗："不"的同源字。

【译文】

汉文帝任代王时，薄太后经常生病。三年之中，汉文帝没有好好睡过觉，也没有脱过衣服，尽心竭力侍候太后。凡是薄太后喝的药，文帝都要亲自尝过后才进献。

【原文】

晋范乔父粲，仕魏，为太宰中郎。齐王芳被废，粲遂称疾阖门①不出，阳狂②不言，寝所乘车，足不履地。子孙常侍左右，候其颜色，以知其旨。如此三十六年，终③于所寝之车。乔与二弟并弃学业，绝人事④，侍疾家庭。至粲没，不出里邑。

【注释】

①阖门：关门。

②阳狂：假装疯颠。也作"佯狂"。

③终：死。

④人事：指人世间的事。

【译文】

晋代范乔的父亲粲，曾在魏国做官，担

任太宰中郎。因为齐王芳被废黜,粲于是假装有病,闭门不出。他装作疯狂而不说话,终日睡在车上,脚都不沾地。他的子孙们经常侍奉左右,看他的脸色来判断他的需求。这样长达三十六年,直到他死在他睡的那个车子上。这期间,范乔和两个弟弟都放下学业,谢绝人事,在家里侍候父亲。直到父亲去世,他们都没有离开所居乡里一步。

【原文】

后魏孝文帝幼有至性①,年四岁时,献文患痈②,帝亲自吮脓。

【注释】

①至性:多指天赋的卓绝的品性。

②痈:中医指恶性脓疮。

【译文】

后魏孝文帝从小就有超过一般人的孝性,他四岁的时候,父亲献文帝患了痈疮,孝文帝亲自为父亲吮吸疮脓。

【原文】

北齐孝昭帝,性至孝。太后不豫①,出居南宫。帝行不正履,容色贬悴②,衣不解带,殆③将旬。殿去南宫五百余步,鸡鸣而出,辰时方还;来去徒行,不乘舆辇。太后所苦小增,便即寝伏阁外,食饮药物,尽皆躬亲。太后惟常心痛,不自堪忍。帝立侍帷前,以爪掐手心,血流出袖。

【注释】

①豫:安乐,舒服。

《家范》的教育智慧

孝文帝

拓跋宏(后改姓元)(467年—499年),是一位卓越的少数民族的政治家和改革家。他崇尚中原文化,推行汉化,禁胡服、胡语,改变度量衡,推广教育,改变姓氏并禁止归葬,提高了鲜卑人的文化水准,是西北方各民族陆续进入中原后民族融合的一次总结,对中国起了重要的作用。

中国古代教育智慧

北齐孝昭帝

北齐孝昭帝高演（535年—561年），字延安。560年，高演发动政变，杀高殷登上皇帝宝座，改元皇建。高演在位期间，文治武功兼盛。即位翌年，病死，在位仅两年，传位于长广王高湛。谥号"孝昭"，庙号肃宗。

②贬悴：瘦损憔悴。
③殆：大概，几乎。

【译文】

北齐孝昭帝，天性非常孝顺。太后不舒服，住在南宫。孝昭帝十分愁苦，走路都走不正，面容憔悴，衣不解带，将近十天。宫殿距离南宫五百多步，昭帝天亮鸡叫时就去南宫问候太后，到了辰时方才返回宫；来去步行，从不乘车。太后的病痛稍微加剧，昭帝就睡在她的卧室门外，太后的饮食和药物，昭帝都要亲自服侍进献。太后常常心痛，不堪忍受，昭帝就站在她的床前，以手指掐自己的手心，血从袖口流出来。这就是说父母生病了子女就要表示自己的忧愁。

【原文】

孔子曰："少连、大连善①居丧，三日不怠②，三月不解③，期④悲哀，三年忧，东夷之子也。"高子皋⑤执亲之丧也，泣血三年，未尝见齿⑥，君子以为难。

【注释】

①善：善于，擅长。
②怠：懈怠。
③解：通"懈"。松懈，懒散，做事不抓紧。
④期：指期年。一年。
⑤高子皋：孔子弟子，姓高名柴，字子羔，又称子皋、子高、季高，卫国人，一说是齐国人。

⑥见齿：指笑。笑则露齿。

【译文】

孔子说："少连和大连很会居丧，三日之内不惰怠，三个月之内不松懈，悲哀整整一年，而三年之内一直在忧愁。少连和大连都是东夷之子。"孔子的弟子子皋居丧，整整哀哭了三年，从未笑过，连那些很守礼法的君子都认为能够做到这样很难。

【原文】

颜丁善居丧，始①死，皇皇焉，如有求而弗得；及殡，望望②焉，如有从而弗及；既葬，慨③焉，如不及其反而息④。

【注释】

①始：刚刚，才。
②望望：瞻望的样子，依恋的样子。
③慨：疲惫的样子。
④息：通"熄"。熄灭，消失。

【译文】

鲁人颜丁很会居丧，人刚死的时候，他表现出一副皇皇然的样子，就好像有什么东西想得到却没有得到；等到殡葬的时候，又望望然，就好像急切地想要跟谁走，而没有能够办到；安葬之后，却表现的没有了声息，就好像没能挽留住死者，自己彻底绝望了。

【原文】

唐太常少卿苏颋遭父丧，睿宗起复①为工部侍郎，颋固辞②。上③使李日知谕旨，日知终坐不言而还，奏曰："臣见其哀毁④，不忍发言，

《家范》的教育智慧

子皋

高柴（前521年—前649年），字子羔，亦字子皋、子高、季皋，孔子弟子之一。

中国古代教育智慧

唐睿宗

唐睿宗李旦（662年—716年），唐高宗第八子。684年，武则天废中宗帝位，立其为帝，改元文明。不过由于是武则天操纵朝政，睿宗毫无实权。690年，武则天自己登皇帝位，于是废除睿宗。705年，武则天去世，唐中宗复位，710年，中宗被毒杀。于是睿宗再次即位。与其子李隆基一起铲除了杀害唐中宗的势力。712年，让位于唐玄宗，自称太上皇，716年病逝，享年五十五岁。其并无特别的治国才能，晚年也受其子李隆基的左右。

恐其殒绝⑤。"上乃听其终制⑥。

【注释】

①起复：古时官员服父母丧守期未满即应召赴任官职。

②固辞：古礼以再次辞让为"固辞"，后以坚决推辞和谦让为"固辞"。

③上：指皇上。

④哀毁：指居亲丧悲伤异常而毁损其身。后常作居丧尽礼之辞。

⑤殒绝：昏厥。

⑥终制：父母去世服满三年之丧。

【译文】

唐代太常少卿苏颋遭逢父丧，正巧唐睿宗打算要任命他为工部侍郎，他坚辞不受。皇上派遣李日知去宣读圣旨，李日知到了苏家，却坐在那里至始至终没有说话，他回去禀告皇上说："我见他哀伤过度，面容憔悴，不忍心再去说这些事，怕他听了会昏死过去。"于是皇上允许他守满三年孝。

【原文】

左庶子李涵为河北宣慰使，会①丁母忧②，起复本官而行。每州县邮驿公事之外，未尝启口③。

蔬饭④饮水，席地而息。使还，请罢官，终丧制。代宗以其毁瘠⑤，许之。自余能尽哀竭力以丧其亲，孝感当时，名光后来者，世不乏人。此可谓丧则致其哀矣。

【注释】

①会：恰巧，正好。

②丁忧：遭逢父母的丧事，也称"丁艰"。

③启口：开口。

④蔬饭：蔬菜饭食。这里指粗食。

⑤毁瘠：因居丧过哀而极度瘦弱。

孔子弟子守丧图

【译文】

左庶子李涵担任河北宣慰使的时候，母亲去世，可他这时正被任命为宣慰使在外地出行。他每到一个州县，除公事之外，没有再说过话。

每天只吃些粗饭，喝口白开水，并睡在地上。完成出使任务返回去后，他便请求罢官，准备回去为母亲守丧。代宗因为他过度悲哀而损伤了身体，所以恩准了他。能够尽哀竭力为父母守丧，并以孝感动当时，名留后代的人，每朝每代都很多。这可以说是居丧就能竭力表示自己的哀痛。

【原文】

孟蜀太子宾客李郸，年七十余，享①祖考②，犹亲涤器③。人或代之，不从，以为无以达追慕④之意。此可谓祭则致其严矣。

【注释】

①享：祭献，上供。用物品进献人或鬼神使其享受。

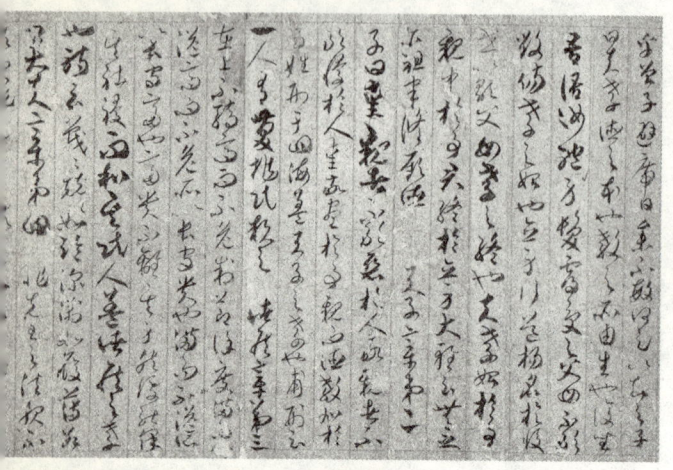

贺知章《草书孝经》

②祖考：已故的祖父。
③涤器：洗涤器物。
④追慕：追念仰慕。

【译文】

孟蜀太子宾客李郸，已七十多岁了，祭祀祖父时，还亲自洗涤祭器。有人想代替他去洗刷，他不许，认为那样就无法寄托自己的思念之情。这就是说祭祀的时候就要表现得庄严肃穆。

【原文】

《经》①曰：身体发肤②，受之父母，不敢毁伤③，孝之始④也。

【注释】

①《经》：指《孝经》。
②身体发肤：本指身躯、四肢、须发、皮肤，后亦泛指自己身体的全部，自身。
③毁伤：损坏，伤害。
④始：开始，开端。

【译文】

《孝经》说：人的身体、毛发、肌肤，都是父母所给，子女不敢随意毁坏，这是孝顺父母的开端。

【原文】

曾子有疾，召门弟子曰："启①予足，启予手。《诗》云：'战战兢兢②，如临深渊③，如履薄冰④。'而今而后吾知免夫小子。"

《家范》的教育智慧

【注释】

①启：省视，察看。

②战战兢兢：战战，恐惧的样子。兢兢，小心谨慎的样子。形容非常害怕微微发抖的样子，也指小心谨慎的样子。

③如临深渊：临，靠近。渊，深水坑。如同处于深渊边缘一般。比喻存有戒心，行事极为谨慎。

④如履薄冰：履，践、踩在上面。像走在薄冰上一样。比喻行事极为谨慎，存有戒心。

乐正子伤足感亲

【译文】

曾子有病，把他的门人弟子都召集来，说："身体受之于父母，不敢随便毁伤，你们揭开我的被，我要看看我的手和足。《诗经》说：'战战兢兢，如临深渊，如履薄冰。'从今之后我懂得在这个问题上教育你们了。"

【原文】

乐正子春下堂而伤足，数月不出，犹有忧色。门弟子曰："夫子之足瘳①矣，数月不出，犹有忧色，何也？"乐正子春曰："善，如尔之问也！善，如尔之问也！吾闻诸曾子，曾子闻诸夫子曰：'天之所生，地之所养，惟人为大。'父母全而生之，子全而归之，可谓孝矣；不亏②其体，不辱其身，可谓全矣。故君子顷步③而弗敢忘孝也，今予忘孝之道，予是

中国古代教育智慧

谁言寸草心，报得三春晖

以有忧色也。一举足而不敢忘父母，一出言而不敢忘父母。一举足而不敢忘父母，是故道而不径④，舟而不游，不敢以先父母之遗体行殆；一出言而不敢忘父母，是故恶言不出于口，忿言⑤不反于身。不辱其身，不羞其亲，可谓孝矣。"

【注释】

①瘳：病愈。

②亏：毁坏。

③顷步：顷，通"跬"。跬步，半步。郑玄注："顷当为跬，声之误也。"

④道而不径：道，走路。径，小路。走路要走大路而不走小路，以免遇到危险。

⑤忿言：忿怒的话，怨恨的话。

【译文】

乐正子春下堂的时候弄伤了脚，他几个月没有出门，脸上还带有忧色。他的门人弟子们说："老师您的脚早就痊愈了，您几个月都不出门，怎么脸上还有忧色？"乐正子春说："你们问的好！你们问的好！我曾听曾子说，曾子听孔夫子说：'天地之间，数人最为尊贵。'父母把你完整地生了下来，你也要爱惜自己，把自己完整地保护好，这就是孝；不要随便侮辱、损伤自己的身体，这就是全。所以君子即使只迈半步，也不敢忘记孝道。现在我没有注意孝道，弄伤了脚，我所以有忧色啊。人一举足一行动都不敢忘记身体是父母所给，只要开口讲话就不敢忘记自己与父母的联系。正因为一举足就不敢忘记身体受之于父母，所以走路不歪斜乱跑，临水要乘船，而不去游泳，这就是不敢以父母受之于自己的身体涉险履危；一开口而不敢忘父母，所以不好听的话不说，疾忿伤害的话也不用在自己身上。既不侮辱父母所给的身体，又不因此而使自己的父母遭到羞辱，这就可以说是做到孝了。"

杨香扼虎救父

【原文】

或曰：亲有危难则如之何？亦忧身而不救乎？曰：非谓其然也。孝子奉父母之遗体，平居①一毫不敢伤也；及其徇仁蹈义，虽赴汤火无所辞，况救亲于危难乎！古以死徇其亲者多矣。

【注释】

①平居：平日，平素。

【译文】

有人问：如果父母亲人有危难，怎么办？子女也担心自己的身体受到伤害而不去救吗？回答说：并不能这样理解。孝子对待父母给予的身体，平时连一丝一毫都不敢伤害；到了舍身为仁、杀身取义的时候，即便是赴汤蹈火也在所不辞，何况是在危难之时救父母亲人呢！自古以来为父母亲人献身的人很多很多。

中国古代教育智慧

潘综负伤救父

【原文】

晋末乌程人潘综遭孙恩乱，攻破村邑。综与父骠共走避贼，骠年老行迟，贼转逼①。骠语综："我不能去，汝走可脱，幸勿俱死。"骠困乏坐地，综迎贼叩头曰："父年老，乞赐生命。"贼至，骠亦请贼曰："儿少自能走，今为老子不去。孝子不惜死，可活此儿。"贼因斫②骠，综乃抱父于腹下。贼斫综头面，凡四创③，综当时闷绝④。有一贼从傍⑤来会曰："卿举大事，此儿以死救父，云何可杀？杀孝子不祥。"贼乃止，父子并得免。

【注释】

①逼：接近，靠近。

②斫：用刀、斧等砍劈。

③创：创伤，伤口。

④闷绝：晕倒。《左传·定公四年》："由于徐苏而从"晋杜预注："以背受戈，故当时闷绝。"

⑤傍：通"旁"。旁边，侧。

【译文】

晋末乌程人潘综正赶上孙恩作乱，攻打进村镇里来。潘综和父亲潘骠一起逃跑躲避贼寇，但是由于潘骠年老行动迟缓，所以贼寇就向潘骠追去。潘骠对儿子潘综说："我走不脱了，你赶快跑可以脱身，我们不能都在这里等死。"这时潘骠已因困乏而跑不动了，只好坐在地上，潘综拦在前边向那些冲过来的贼叩头求道："我父亲已经年纪大了，请饶他一命。"等贼寇到了跟前，潘骠也向贼寇求道："我的儿子正年轻，他本来能跑得了，可是他为了我这个父亲才没有走，他是个以死救父的孝子，请你们饶了他吧！"贼寇用刀去砍潘骠，潘综就将父亲抱在自己的身下。贼寇于是砍潘综的头部，潘综一连中了四刀，当时就昏厥过去。这时有一个贼人从旁边跑了过来，说："阁下是在举大事，这个人以死救他的父亲，怎么可以杀他呢？杀孝子不吉利。"于是贼寇不再砍潘综，这父子二人一并幸免于难。

千里寻亲

【原文】

齐射声校尉庾道愍所生母漂流交州，道愍尚在襁褓①。及长，知之，求为广州绥宁府佐。至府，而去②交州尚远，乃自负担，冒险自达。及至州，寻求母，经年不获，日夜悲泣。尝入村，日暮雨骤，乃寄止③一家。

有妪负薪自外还，道愍心动，因访之，乃其母也。于是俯伏号泣。远近赴之，莫不挥泪。

【注释】

①襁褓：背负婴儿用的宽带和包裹婴儿的被子。后亦指婴儿包。

②去：相距，距离。

③寄止：指寄住，寄居。

中国古代教育智慧

梁武帝

【译文】

齐射声校尉庾道愍的亲生母亲漂流到交州的时候,庾道愍还是个襁褓中的婴儿。等到他长大,知道了这件事,于是他就请求担任广州绥宁府佐。他上任后,府佐离交州还很远,他就自己背着行囊,冒险去交州。等到了交州,便寻找母亲,但整整一年也没有找到,他日夜悲泣。有一次他进入一个村庄,天已经黑了,但雨下得很急,他便住宿在一个人家的家里。

一会儿,有一个老婆婆背着一些柴草从外边回来,道愍似乎心里有感应,他上前询问,这个老婆婆果然就是他的生身母亲。于是母子重逢,抱头痛哭。远近前来观看的人,没有不为之感动而流泪的。

【原文】

梁湘州主簿吉翂,父天监初为原乡令,为吏所诬,逮诣廷尉。翂年十五,号泣衢路,祈请公卿。行人见者,皆为陨涕①。其父理虽清白,而耻为吏讯,乃虚自引咎②,罪当大辟。翂乃挝③登闻鼓,乞代父命。武帝嘉异之,尚以其童稚,疑受教于人,敕廷尉蔡法度严加胁诱,取其款实④。

法度乃还寺,盛陈徽纆⑤,厉色问曰:"尔求代父死,敕已相许,便应伏法。然刀锯至剧,审能死不。且尔童孺,志不及此,必人所教,姓名是谁?若有悔异,亦相听许。"对曰:"囚虽蒙弱,岂不知死可畏惮?顾诸弟幼藐,唯囚为长,不忍见父极刑,自延视息⑥。所以内断胸臆，上干万乘。今欲殉身不测，委骨泉壤⑦。此非细故，奈何受人教耶？"

法度知不可屈挠，乃更和颜诱，语之曰："主上知尊侯无罪衅，当释。亮观君神仪明秀，足称佳童。今若转辞，幸父子同济。奚以此妙年，苦求汤镬⑧？"曰："凡鲲鲕⑨蝼蚁，尚惜其生，况在人！斯岂愿齑粉。但父挂深劾，必正刑书。故思殒仆，冀延父命。"盼初见囚，狱掾依法备加桎梏。法度矜⑩之，命脱其二械，更令著一小者。盼弗听，曰："盼求代父死，死囚岂可减乎？"竟不脱械。

法度以闻，帝乃宥其父子。丹阳尹王志求其在廷尉故事并诸乡居，欲于岁首，举充纯孝。曰："异哉王尹！何量盼之薄也。夫父辱子死，斯道固然，若有面目当其此举，则是因父买名，一何甚辱！"拒之而止。此其章章尤著者也。

梁武帝

【注释】

①陨涕：哭泣，流泪。

②引咎：把过失归于自己。

③挝：敲打，击。

④款实：实情。

⑤徽纆：亦作"徽墨"。绳索。

⑥视息：仅存视觉、呼吸等。指苟全活命。

⑦泉壤：指泉下，地下。指墓穴。

⑧汤镬：专指用滚汤水煮人的酷刑。

⑨鲲鲕：小鱼。

⑩矜：怜悯，同情。

中国古代教育智慧

击鼓

【译文】

梁代的湘州主簿吉翂,他的父亲天监刚开始担任原乡令时,被人诬陷,抓起来在廷尉那里接受审讯。吉翂这时才十五岁,他在大街上嚎啕哭泣,在一些当官的面前为父亲说情。路上的行人看见了都为之落泪。他的父亲本来没有什么罪,但他耻于为狱吏审讯,就故意承认有罪,而且罪当斩首。吉翂独自去击打登闻鼓,请求代父亲去受死。当时梁武帝颇为这个少年称奇,但是又认为他只是个孩子,大概是有人在教他,于是命令廷尉蔡法度严加审问,弄清实际情况。

法度回到衙署,故意多放了一些捆绑罪人的绳索,然后大声喝问:"你请求代替你的父亲去死,皇上已经同意了,你这就要受刑伏法。但是刀斧无情,为了慎重,再核实一下你究竟够着死没有。而且你是个孩子,还不懂得代父去死,一定是有人在教你,这人姓甚名谁?你如果有所后悔,我们也可以重新来考虑。"吉翂回答说:"我虽然是个孩子,但是能不知道杀头是十分可怕的吗?只是我环顾家里,几个弟弟都还幼小,只有我最大,我不忍心坐视父亲受极刑,而自己独自活在世上。所以我独自做主,来干预皇家的法律。我现在确实是想代父而死,这难道不是实情,还怎么要让别人来教呢?"

蔡法度知道用威吓的办法不能使他屈服,便换了一副温和的面孔,对他说:"皇上其实已经知道你父亲是无罪的，应当释放，我看你神采奕奕，聪明俊秀，真是一个好孩子，你现在如果要改变代父而死的说法，或许你们父子俩都没有事。为什么要用如此好的年华，去白白送死呢？"吉翂回答说："连虫子都懂得珍惜自己的生命，何况人呢？我哪里是愿意去送死，不过父亲被弹劾，必然要受到刑律的处罚，所以我才想着牺牲自己，来救父亲一命。"吉翂刚被拘留时，狱吏按规定给他上了所有应该上的枷锁。蔡法度有些怜悯他，就下令给他摘去两个刑具，还让人给他换一个较轻的刑具。吉翂竟不肯，说："我请求代替父亲去死，就是死囚，死囚怎么可以减去刑具呢？"他竟没有减下那些刑具。

古代刑具

蔡法度把这些事告诉了皇上，皇帝赦免了他们父子。后来，丹阳尹王志搜集吉翂被廷尉收执时候的事迹，以及他平时在乡里的善举，想在岁首的时候推举他为孝顺父母的典范。吉翂说："奇怪啊，王尹！怎么把我看得这么不值钱啊，父亲有难，儿子去以死相救，这是很一般的道理，如果我有脸面当此孝的典范，那么就是用父亲来为自己换名声，那是多么的耻辱啊！"他不同意这样做，这件事才停下来。这些都是孝子以死殉亲的例子。

中国古代教育智慧

缇萦上书救父

【故事】

缇萦救父

汉文帝初期，朝廷的刑罚还是相当严厉的，除死刑之外还有肉刑，不是刺面削鼻，就是剜膝砍脚。

公元前167年，临淄地方有个小姑娘名叫淳于缇萦。她的父亲淳于意，本来是个读书人，因为喜欢医学，经常给人治病，出了名。后来他做了太仓令，但他不愿意跟做官的来往，也不会拍上司的马屁。没有多久，辞了职，当起医生来了。

有一次，有个大商人的妻子生了病，请淳于意医治。那病人吃了药，病没见好转，过了几天死了。大商人仗势向官府告了淳于意一状，说他是错治了病。当地的官吏判他"肉刑"，要把他押解到长安去受刑。

淳于意有五个女儿，可没有儿子。在淳于意押解长安前，姐妹五人围在父亲身边流泪，却无力替父鸣冤。淳于意看着女儿们痛苦无奈的样子，悲愤地仰天长叹："唉，可惜我没有男孩，遇到急难，一个有用的也没有。"

几个女儿都低着头伤心得直哭，只有最小的女儿缇萦又是悲伤，又是气愤。她想："为什么女儿偏没有用呢？"

她提出要陪父亲一起上长安去，家里人再

三劝阻她也没有用。

缇萦到了长安，托人写了一封奏章，到宫门口递给守门的人。

汉文帝接到奏章，知道上书的是个小姑娘，倒很重视。那奏章上写着：

"我叫缇萦，是太仓令淳于意的小女儿。我父亲做官的时候，齐地的人都说他是个清官。这回他犯了罪，被判处肉刑。我不但为父亲难过，也为所有受肉刑的人伤心。一个人砍去脚就成了残废；割去了鼻子，不能再安上去，以后就是想改过自新，也没有办法了。我情愿给官府没收为奴婢，替父亲赎罪，好让他有个改过自新的机会。"

汉文帝看了信，十分同情这个小姑娘，又觉得她说的有道理，就召集大臣们，对大臣说："犯了罪该受罚，这是没有话说的。可是受了罚，也该让他重新做人才是。现在惩办一个犯人，在他脸上刺字或者毁坏他的肢体，这样的刑罚怎么能劝人为善呢？"

于是，汉文帝就正式下令废除肉刑。这样，缇萦就救了她的父亲。汉文帝废除肉刑的诏令下，实施近两千年的肉刑，至此全部废除，史称这是中国法律史上的一大改革。因此改革缘起于缇萦上书，故缇萦被誉为千古孝义女子。东汉大史学家班固赞缇萦诗曰：

三王德弥薄，惟后用肉刑。

太仓令有罪，就递长安城。

缇萦救父

中国古代教育智慧

自恨身无子，困急独茕茕。
小女痛父言，死者不可生。
上书诣阙下，思古歌《鸡鸣》。
忧心摧折裂，晨风扬激声。
圣汉孝文帝，恻然感至情。
百男何愦愦，不如一缇萦。

缇萦救父

子下篇

【原文】

《书》①称舜"烝烝乂,不格奸",何谓②也?曰:言能以至孝,和顽③嚚④昏⑤傲,使进进⑥以善自治,不至于大恶也。

【注释】

①《书》:指《尚书》。

②何谓:指什么,是什么意思。用于询问(后面常带"也"字)。

③顽:头脑迟钝,愚蠢。

④嚚:暴虐,愚顽。

⑤昏:昏聩,糊涂。

⑥进进:奋力前进。

【译文】

《尚书》称舜"烝烝乂,不格奸",这是什么意思呢?这是说:舜非常孝顺,能与心术不正的父亲、不忠诚的母亲、傲慢的弟弟和睦相处,他以孝行美德感化他们,又加强自身的修养,所以没有流于邪恶。

【原文】

曾子①耘瓜,误斩其根。皙②怒,建③大杖以击其背。曾子仆地而不知人。久之乃苏④,欣然而起,进于曾皙曰:"响也!参得罪于大人,用力教参,得⑤无疾乎?"退而就房,援琴而歌,欲令曾皙闻之,知其体康也。

孔子闻之而怒,告门弟子曰:"参来,勿

孝感动天——舜

中国古代教育智慧

曾子锄瓜

内。"曾参自以为无罪,使人请于孔子。

孔子曰:"汝不闻乎,昔舜之事瞽瞍,欲使之,未尝不在于侧;索⑥而杀之,未尝可得。小棰则待过,大杖则逃走,故瞽瞍不犯不父之罪,而舜不失烝烝⑦之孝。今参事父,委身以待暴怒,殪⑧而不避,身既死而陷父于不义,其不孝孰大焉?汝非天子之民乎?杀天子之民,其罪奚若⑨?"

曾参闻之,曰:"参,罪大矣!"遂造孔子而谢过,此之谓也。

【注释】

①曾子:姓曾,名参,字子舆,孔子的学生之一,与孔子、孟子、颜子、子思比肩共称为五大圣人。

②晳:即曾点,字晳,宗圣曾参的父亲,是孔子的早期弟子之一。

③建:举起,树立。

④苏:苏醒。

⑤得:助动词。能,能够。

⑥索:搜索,搜寻。

⑦烝烝:孝德之厚美。

⑧殪:死。《国语·晋语》注:"一发而死曰殪。"

⑨奚若:奚如,何如。

【译文】

曾子锄瓜,不小心斩断了瓜的根。父亲曾晳非常生气,举起一根大棍就向曾子的臂膀打过来。曾子摔倒在地,不省人事。过了很久才苏醒过来，曾子高兴地站起来，走近曾晳问候道："刚才我得罪了父亲大人，您为教导我而用力打我，您有没有受伤？"退下去回到房里，曾子边弹琴边唱歌，想让父亲听见，知道他的身体早已恢复了健康。

孔子听说了这些情况就发怒，告诉弟子们说："如果曾参来了，不要让他进门。"曾参自认为无罪，托人向孔子请教。

曾参啮指心痛

孔子对来人说："你没听说过吗？昔日舜侍奉父亲，父亲使唤他，他总在父亲身边；父亲要杀他，却找不到他。父亲轻轻地打他，他就站在那里忍受，父亲用大棍打他，他就逃跑，因此他的父亲没有背上不义之父的罪名，而他自己也没有失去为人之子的孝心。如今曾参侍奉父亲，把身体交给暴怒的父亲，父亲要打死他，他也不回避。他如果真的死了就会陷父于不义，相比之下，哪个更为不孝？另外，你不是天子的臣民吗？杀了天子的臣民，又会犯多大的罪？"

曾参听后，说："我的罪过很大呀！"于是造访孔子而向他谢罪。这件事说的就是这个道理。

【原文】

或曰：孔子称色①难。色难者，观父母之志

中国古代教育智慧

刘安世直谏慰亲

趣,不待发言而后顺②之者也。然则《经》何以贵于谏争乎?曰:谏者,为救过也。亲之命可从而不从,是悖戾③也;不可从而从之,则陷亲于大恶。然而不谏是路人,故当不义则不可不争也。或曰:然则争之能无咈④亲之意乎?曰:所谓争者,顺而止之,志在必于从也。孔子曰:"事父母几谏。见志不从,又敬不违,劳而不怨。"《礼》:父母有过,下气⑤怡色⑥,柔声以谏。谏若不入,起敬起孝。说⑦则复谏。不说,则与其得罪于乡党州闾⑧,宁熟谏。父母怒,不说而挞之流血,不敢疾怨,起敬起孝。又曰:事亲有隐而无犯。又曰:父母有过,谏而不逆。又曰:三谏而不听则号泣而随之,言穷无所之也。或曰:谏则彰⑨亲之过,奈何?曰:谏诸内,隐诸外者也,谏诸内则亲过不远,隐诸外故人莫得而闻也。且孝子善则称亲,过则归己。《凯风》曰:"母氏圣善⑩,我无令人。"其心如是,夫又何过之彰乎?

【注释】

①色:察言观色。

②顺:顺应,顺从。

③悖戾:违逆,乖张。

④咈:不服从或不顺从。

⑤下气:态度恭顺,平心静气。

《家范》的教育智慧

⑥怡色：面露和悦之容。
⑦说：通"悦"。高兴，快乐。
⑧州闾：泛指乡里。《史记·滑稽列传》："若乃州闾之会，男女杂坐，行酒稽留。"
⑨彰：彰显。
⑩圣善：聪明贤良。

柔声谏亲

【译文】

有人说：孔子认为察言观色最难。察言观色之所以难，指的是子女善观父母的兴趣爱好，不等他们发话就满足他们的需要。既然这样，《孝经》又为何以谏诤为贵呢？回答说：谏诤，为的是挽救父母的过失。父母的命令正确而可以遵从，子女却不遵从，这样子女就犯了错误。父母的命令有误，子女不能服从却去服从，这就会导致父母犯罪。如果子女不劝谏父母那就如同陌路之人，所以当父母言行不义之时，子女必须犯颜直谏。有人说：劝谏父母岂不违背父母的意愿吗？回答说：所谓谏诤，是在顺乎父母的意愿的前提下去阻止他们的一些不对的做法。而且一定要做到让他们听从自己的意见。孔子说："侍奉父母，他们有什么过失，只能委婉地规劝；如果意见没有被采纳，仍然要恭敬而不能有抵触情绪，为父母操劳而无怨恨。"《礼记》说：父母有错，子女要和颜悦色，柔声下气地劝谏。若是父母听不进劝谏，子女就要更加恭敬，以孝心来感化他们，父母高兴，子女就要再次进谏；父母不高兴，那么与其让父母得罪于乡里朋友，不如顽

中国古代教育智慧

孝感天地——舜

强地多次进行劝谏。父母假如生气了,不高兴,把子女打得流血,子女也不能怨恨,仍然要孝敬父母。又说:子女侍奉父母,可以为他们遮掩过错,却不违忤他们。又说:父母有错,劝谏他们却不违忤他们。又说:子女多次劝谏,父母还不接受,子女就要大声哭泣,跟在他们的左右,这指的是已经到了毫无办法的时候了。有人说:劝谏父母就会彰显他们的过错,怎么办?回答说:在家劝谏,当着外人就要替父母隐瞒。在家劝谏,父母的过错就能被制止;在外隐瞒,别人就不会知道父母的过错。而且孝子总是把善行归功于父母,而把过错归咎于自己。《凯风》说:"母亲圣善贤良,我自己是个品德不好的人。"子女的孝心如果能这样,又怎会彰显父母的过错呢?

【原文】

或曰:子孝矣而父母不爱,如之何①?曰:责己而已。昔舜父顽、母嚚、象傲,日以杀舜为事。舜往于田,日号泣于旻天②。于父母负罪引慝③,只载见瞽瞍④,夔夔⑤斋栗,瞽瞍亦允。若诚之至也,如瞽瞍者犹信⑥而顺之,况不至是者乎?

【注释】

①如之何:怎么样,怎么办。《诗·齐

风·南山》："析薪如之何？匪斧不克。娶妻如之何？匪媒不得。"

②旻天：天的统称。

③负罪引慝：指引咎自责。

④瞽瞍：亦作"瞽叟"。人名，传说是舜的父亲。

⑤夔夔：戒惧敬慎的样子。

⑥信：相信，信任。

【译文】

有人说：子女很孝顺父母，但父母不慈爱，怎么办？回答是：从自己那里找原因。从前舜的父亲凶狠而心术不正，母亲不忠诚，弟弟象非常傲慢，他们每天都想把舜杀死。舜初耕于历山之时，每天号泣于旻天。但他对待父母，仍然克己自责，负罪引恶，非常恭敬地侍奉父母。他每次见父亲的时候，都是恭敬而畏惧的样子，最后父亲终于能和他和睦相处。如果子女出于至诚的孝心，像舜那样凶悍的父亲都能够相信他，与他和睦相处，何况那些本来就不错的父母呢？

虞舜耕田

【原文】

曾子曰："父母爱之，喜而不忘；父母恶①之，惧而弗怨。"

汉侍中薛包，好学笃行。丧母，以至孝闻。及父娶后妻而憎包，分出之。包日夜号泣，不能去。至被殴杖，不得已，庐②于舍外，旦入而洒埽③。父怒，又逐之。乃庐于里门，晨昏④不废。积⑤岁余，父母惭而还之。

中国古代教育智慧

薛包洒扫回亲心

【注释】

①恶：讨厌，憎恶。

②庐：居住。

③洒埽：即"洒扫"，用水喷洒地面，然后进行打扫。

④晨昏：晚间服侍就寝，早上省视问安。旧时侍奉父母的日常礼节。

⑤积：累计。

【译文】

曾子说："父母喜爱子女，子女高兴而不忘记；父母讨厌子女，子女畏惧却不怨恨。"

汉代的侍中薛包，勤奋好学，品德高尚。母亲去世的时候，他就以孝顺而远近闻名。后来，父亲娶了一个后妻，就开始有些厌恶薛包，于是将他分出去居住。薛包日夜号哭，不肯离去。父母用木棍打他，不得已，他就在父母住的房舍外边结庐而居。他每天早晨都早早起来给父母洒扫庭院。父亲很愤怒，又往外赶他。他于是又结庐于里门，晨省昏定从来不废。过了一年多，父母终于感到有些惭愧，将他叫回了家。

【原文】

晋太保王祥至孝，早丧亲①，继母朱氏不慈，数谮②之，由是失爱于父，每使扫除牛下③，祥愈恭敬。父母有疾，衣不解带，汤药必亲尝。有丹柰④结实，母命守之，每风雨，祥辄抱树而

《家范》的教育智慧

王祥雕塑

泣。其笃孝纯至如此。母终，居丧毁悴⑤，杖⑥而后起。

【注释】
①亲：这里指母亲。
②谮：无中生有地说人坏话。
③牛下：牛的排泄物。意指打扫牛棚。
④丹柰：柰的一种。又称朱柰。
⑤毁悴：因居丧过哀而憔悴。
⑥杖：拄杖。

【译文】
晋代太保王祥非常孝顺，他自幼丧母，继母朱氏不慈祥，几次在父亲面前诬陷他，因此父亲也不再疼爱他，父母经常让他打扫牛棚，可他对父母越来越恭谨。父母有病，他就不脱衣服，小心侍候。给父母喂汤喂药，他必亲口尝。他家有棵柰树结了果实，继母叫他看守，每次刮风下雨，王祥就抱着柰树哭泣。他诚实、孝顺、纯厚如此。继母死后，他在家守丧，因过度哀伤而损毁身体，要拄着拐杖才能站起来。

【原文】
西河人王延，九岁丧母，泣血三年，几至①灭性②。每至忌月，则悲泣三旬。继母卜氏，遇③之无道，恒④以蒲穰及败麻头与延贮衣。其姑闻而问之，延知而不言，事母弥⑤谨。卜氏尝盛冬思生鱼⑥，敕延求而不获，杖之流血。延寻汾凌而哭，忽有一鱼长五尺，踊出冰上，延取以进⑦母。卜氏心悟，抚延如己生。

· 143 ·

中国古代教育智慧

虔心得鲤

【注释】

①几至：几乎，差不多达到（某种状态或程度）。

②灭性：指因丧亲过哀而毁灭生命。

③遇：对待，相待。

④恒：经常，常常。

⑤弥：更加。

⑥生鱼：鲜鱼。

⑦进：进献，奉献。

【译文】

西河人王延，九岁时母亲去世，他整整哀哭三年，几乎要死去。此后，每一年的忌月，他还要天天悲哭。他的继母卜氏，待他不好，经常用乱草和破麻给王延做御寒衣。王延的姑姑听说后，就去问王延，王延不把这些事告诉姑姑，侍奉母亲却更加谨慎。后母卜氏有一次大冬天想吃活鱼，让王延去弄鱼，王延没有弄来，后母就用木棒打他，以致流血。王延沿着汾河边走边哭，忽然有一条鱼五尺多长，跳到冰面上来，王延赶快拿去进献给母亲。卜氏心里有所悔悟，从此之后，抚养王延就像自己的孩子一样。

【原文】

齐始安王谘议刘瓛父绍仕宋，位中书郎。瓛母早亡，绍被敕①纳②路太后兄女为继室。瓛年数岁，路氏不以为子，奴婢辈捶打之无期度③。瓛母亡日，辄悲啼不食，弥为婢辈所苦。路氏生潇，瓛怜爱之，不忍舍，常在床帐

· 144 ·

侧。辄被驱捶,终不肯去。路氏病,经年,沨昼夜不离左右。每有增加,辄流涕不食。路氏病瘥④,感其意,慈爱遂隆⑤。路氏富盛,一旦为沨立斋宇⑥,筵席不减⑦侯王。

【注释】

①敕:皇帝下命令。

②纳:娶。

③期度:限度。

④瘥:病除(病已去体,病有好转)。

⑤隆:指程度深。

⑥斋宇:家居的房屋。这里指成家另过。

⑦不减:不次于,不少于。

尽心侍亲

【译文】

齐始安王谘议刘沨的父亲刘绍在宋做官,位至中书郎。他的母亲早亡,刘绍被皇上敕令纳路太后哥哥的女儿为继室。这时刘沨仅几岁,后母路氏不把他看作自己的孩子,连那些奴婢们都时不时没深没浅地打他。刘沨每到生身母亲的忌日,就悲哀哭泣而不进食,这时就更加为那些奴婢们所欺侮。后来,路氏生下一个孩子叫谦,刘沨非常地怜爱他,不能割舍,经常守在床帐的旁边,常常被驱赶捶打,还是不肯离开。再后来,路氏患了病,大概有一年的时间,刘沨认真侍候,昼夜不离左右。路氏的病情每一加重,他就痛哭流涕,不吃饭。路氏病好之后,被他的一片孝心所感动,于是对他变得非常慈爱。路氏很有钱,到了给刘沨成

中国古代教育智慧

孝子图——重庆大足石刻

家的时候,为他设宴席招待宾朋,其规模可以比得上王侯。

【原文】

唐宣歙观察使崔衍父伦为左丞,继母李氏不慈于衍。衍时为富平尉,伦使①于吐蕃,久方归。李氏衣②敝衣以见伦,伦问其故,李氏称伦使于蕃中,衍不给衣食。伦大怒,召衍责诟③,命仆隶拉于地,袒其背,将鞭之。衍泣涕终不自陈④。伦弟殷闻之,趋往以身蔽衍,杖不得下,因大言曰:"衍每月俸钱皆送嫂处,殷所具知,何忍乃言衍不给衣食?"伦怒乃解。由是伦遂不听李氏之谮。及⑤伦卒,衍事李氏益谨。李氏所生次子,每多取母钱,使其主以书契证负于衍,衍岁⑥为偿之。故衍官至江州刺史而妻子衣食无所余⑦。子诚孝而父母不爱,则孝益彰矣,何患乎?

【注释】

①使:出使。

②衣:穿着,穿衣。

③责诟:责骂。

④自陈:自己陈述。

⑤及:等到。

⑥岁:每年。

⑦余:节余,剩余。

【译文】

唐代宣歙观察使崔衍的父亲崔伦担任左

丞，继母李氏对崔衍不好。崔衍其时担任富平尉，父亲出使到了吐蕃，很长时间后才回来。李氏故意穿着破衣服去见崔伦，崔伦问她为什么穿这么破烂的衣服，李氏就谎称丈夫出使吐蕃期间，儿子崔衍不供给她衣食。崔伦听后大怒，把崔衍叫来责骂，并命令仆人将崔衍摁翻在地，揭开后背，要鞭打他。崔衍只是哭泣，但不自己说明原委。崔伦的弟弟崔殷获悉后，赶快跑去用身体遮蔽住崔衍，使得鞭杖不能打在崔衍身上。崔殷大声说："崔衍每月的俸钱全部都送到了嫂子那里，我都知道，怎么忍心说崔衍不给衣食呢？"崔伦的怒气这才消解。从此之后，崔伦不再听李氏的诬告。等到崔伦死后，崔衍侍奉李氏更加谨慎。李氏所生的次子，经常向别人借钱，然后与债主订立契约，让崔衍来付债，崔衍每年都为他偿还债务。因此，崔衍官至江州刺史，薪俸非常优厚，但他的妻子儿女仍然生活困难。子女非常孝顺而父母不慈爱，那么他的孝顺的美名就更加远扬，这又有什么可怕的呢？

侍奉双亲

【原文】

或曰：妻子失亲之意则如之何①？曰：《礼》②："子甚宜③其妻父母不说④，出⑤。子不宜其妻，父母曰：'是善事我，'子行夫妇之礼焉，没身⑥不衰。"

【注释】

①如之何：怎么样，怎么办。

中国古代教育智慧

休妻

②《礼》：指《礼记》。
③宜：喜欢。
④说：通"悦"，高兴。
⑤出：遗弃，休弃。
⑥没身：终身。

【译文】

有的人说：儿媳妇如果不孝顺公婆，那该怎么办呢？《礼记》对这个问题作了回答："儿子非常喜欢他的妻子，但父母不喜欢，只能休掉。儿子不喜欢他的妻子，但父母说：'她很会侍奉我。'那么儿子就得和他的妻子过下去，白头到老。"

【原文】

汉司隶校尉鲍永，事①后母至孝。妻尝②于母前叱③狗，永去④之。

【注释】

①事：侍奉，供奉。
②尝：曾经。
③叱：大声呵斥。
④去：抛弃，舍弃。

【译文】

汉代的司隶校尉鲍永，对后母非常孝顺。他的妻子有一次当着母亲的面呵斥狗，鲍永就把她休掉了。

【原文】

齐征北司徒记室刘，母孔氏，甚严明。年四十馀①未有婚对②，建元中，高帝与司徒褚彦回为娶王氏女。王氏穿壁③挂屦④，土落孔氏床上，孔氏不悦，即出其妻。

【注释】

①馀：通"余"，多。
②婚对：婚配。
③穿壁：在墙上钉钉。
④履：鞋子。

【译文】

齐征北司徒记室刘，母亲孔氏，治家非常严明。刘四十多岁的时候还没有娶上媳妇，建元年间，高帝和司徒褚彦回为他娶王氏女为妻。一次王氏在墙上钉钉子挂鞋，尘土掉在孔氏的床上，孔氏有些不高兴，刘就此休掉了自己的妻子。

【原文】

唐凤阁舍人李迥秀，母氏庶①贱，其妻崔氏尝叱②媵婢③。母闻之不悦，迥秀即时出妻。或止之曰："贤室④虽不避嫌疑，然过非出状，何遽⑤如此？"迥秀曰："娶妻本以养亲⑥，今违忤⑦颜色，何敢留也！"竟不从。

【注释】

①庶：百姓，平民。
②叱：大声呵斥。
③媵婢：泛指婢妾。
④贤室：对人妻室的尊称。
⑤何遽：怎么。
⑥养亲：奉养父母。《庄子·养生主》："可以保身，可以全生，可以养亲，可以尽年。"
⑦违忤：违背，不顺从。

《家范》的教育智慧

齐高帝

齐高帝萧道成（427年—482年），南朝齐创立者。字绍伯，小名斗将。在南朝宋皇室成员争权中，萧道成逐渐掌握朝廷实权。升明元年（477年）七月，萧道成杀后废帝刘昱，立刘准（宋顺帝）。萧道成封齐王，兼总军国。三年四月受宋顺帝"禅位"，即皇帝位，国号齐，改元建元，史称南齐。

中国古代教育智慧

郭巨埋儿

【译文】

唐代凤阁舍人李迥秀,他的母亲出身很低贱,妻子有一次呵斥奴婢,母亲听后很不高兴,秀立刻就休掉了妻子。有人劝他说:"你妻子虽然不避嫌疑,伤害了你母亲,但她的过失还不致于如此,为什么这么急躁呢?"李迥秀回答说:"我娶妻子就是为了赡养母亲,如今妻子竟给母亲脸色看,我怎么敢再留她呢?"最终还是没有听从劝告。

【原文】

后汉郭巨家贫,养老母,妻生一子三岁,母常减食与之。巨谓妻曰:"贫乏不能供给,共汝埋子。子可再有,母不可再得。"妻不敢违,巨遂掘坑二尺余,得黄金一釜①。或曰:"郭巨非中道②。"曰:然以此教民,民犹厚于慈而薄于孝。

【注释】

①釜:古炊器。敛口圜底,或有二耳。其用于鬲,置于灶,上置甑以蒸煮。盛行于汉代。有铁制的,也有铜或陶制的。

②中道:仁道。

【译文】

东汉郭巨家里很穷,奉养着老母亲。妻子生下一个孩子已经三岁,郭巨的母亲常常自己少吃一点东西，省下来给小孙子吃。郭巨对妻子说："咱家贫穷而不能让全家人都吃饱，你与我一起把孩子埋掉吧。孩子我们还可以再生，但母亲不可再有。"妻子不敢不同意，于是掘了一个二尺深的坑，却意外地发现里边有一锅黄金。有人议论说："郭巨虽然是个孝子，但他的做法不仁道。"我们说：尽管用这样极端的事例来教化民众，而民风仍然是厚于慈爱，薄于孝。

埋儿奉母

【原文】

葬者，人子之大事。死者以窀穸①为安宅，兆②而未葬，犹行而未有归也。是以孝子虽爱亲，留之不敢久也。古者天子七月，诸侯五月，大夫三月，士逾月③。诚由礼物有厚薄，奔赴有远近，不如是④不能集也。国家诸今，王公以下皆三月而葬，盖以待同位外姻⑤之会葬者适时之宜，更为中制也。《礼》：未葬不变服⑥，啜粥，居倚庐⑦，寝苫枕块⑧，既虞而后有所变，盖孝子之心，以为亲未获所安，已不敢即安也。

【注释】

①窀穸：墓穴。

②兆：墓地，埋葬死人之处。

③天子七月，诸侯五月，大夫三月，士逾月：古代丧葬传统。《礼记·五制》：天子七

中国古代教育智慧

守孝图

日而殡,七月而葬;诸侯五日而殡,五月而葬;大夫、士、庶人三日而殡,三月而葬。

④如是:如此这么,像这样。

⑤外姻:由婚姻关系而结成的亲戚。

⑥变服:改变服饰,这里指更换丧服。

⑦倚庐:古人为父母守丧时居住的简陋棚屋。

⑧寝苫枕块:铺草苫,枕土块。古时居父母丧之礼。《仪礼·既夕礼》:"居倚庐,寝苫枕块。"贾公彦疏:"孝子寝卧之时,寝於苫以块枕头,必寝苫者,哀亲之在草;枕块者,哀亲之在土云。"

【译文】

父母去世后安葬,是为人子女的一件大事。死亡的人把墓穴当作房屋,为死者选好墓地却未埋葬,就像活人出行而没有归家一样。因此孝子虽然很爱戴他的父母,但是留下他们的遗体也不敢太久。古代规定皇帝死后七个月下葬,诸侯五个月,大夫三个月,一般士民则是一个多月。由于送葬的礼物有厚薄,来参加葬礼的亲戚有路程远近之别,所以不这样分别规定期限,那些参加葬礼的人和礼物就不能聚齐。国家法令规定,王公以下的人死后三个月都要安葬,大概是要等待亲戚朋友都能会齐,这样更合适。《礼记》说：亡父亡母没有安葬，子女不能更换丧服，只能吃点稀饭，住在临时搭盖的简陋的棚子里，睡在草席上面，以土块为枕头。等到亡父亡母埋葬拜祭以后，穿戴、居处才能有所改变。这大概是因为孝子的内心觉得父母没有安葬，自己也不敢安居的缘故。

【原文】

汉蜀郡太守廉范，王莽大司徒丹之孙也。父遭丧乱，客死于蜀汉，范遂流寓①西州。西州平②，归乡里。年五十，辞母西迎父丧。蜀都太守张穆，丹之故吏，重资送范。范无所受，与客步负丧归葭萌。载船触石破没，范抱持棺柩，遂俱沉溺。众伤其义，钩求③得之，疗救④仅免于死，卒得归葬。

【注释】

①流寓：在异乡日久而定居。
②平：平定，平息。
③钩求：搜索寻求。
④疗救：治疗救助。

【译文】

东汉蜀郡太守廉范，是王莽的大司徒廉丹的孙子。父亲遭遇战乱，客死于蜀汉，廉范就寄居在西州。西州平定之后，他回到家乡。五十多岁的时候，他辞别母亲到西蜀去迁葬亡父。蜀都太守张穆是廉丹的部下，送给廉范很多钱财，廉范一点也不接受，与别人一起带着亡父的棺柩步行回到葭萌县。他们乘坐的船只触石破裂沉没，廉范抱着父亲的棺柩一起沉入

《家范》的教育智慧

王莽

王莽（前45年—公元23年），字巨君，受汉朝的刘氏"禅让"，建立了新朝，帝号为新皇帝，9年—23年在位。后来在新朝政权结束后，汉朝恢复了其政权。

中国古代教育智慧

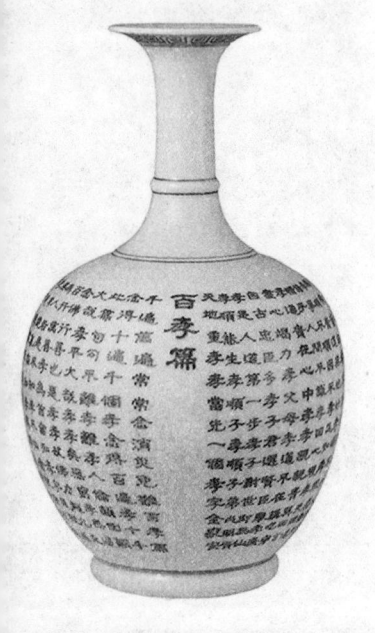

瓷瓶百孝篇

水中，众人为他的孝心所感动，将他和棺柩一起救起。经过抢救治疗，他没有死，终于回去安葬了父亲的棺柩。

【原文】

宋会稽贾恩，母亡未葬，为邻火所逼，恩及妻栢氏号泣①奔救。邻近赴助，棺槟②得免，恩及栢氏俱烧死。有司③奏，改其里为"孝义里"，蠲④租布三世，追赠恩显亲左尉。

【注释】

①号泣：号啕大哭。
②棺槟：泛指棺材。
③有司：指官吏。古代设官分职，各有专司，故称"有司"。这里指地方官吏。
④蠲：通"捐"。除去、驱出、去掉。

【译文】

宋代会稽的贾恩，母亲去世还未来得及安葬，正碰上邻居失了火，烧到了自己家的院子里。贾恩和妻子栢氏一边哭泣，一边救火。邻近的人都赶来帮助救火，母亲的棺柩终于保住了，但贾恩和他的妻子却都被烧死了。地方官奏请皇上，因此而将贾恩居住的这条里弄改名为"孝义里"，免除这里的人三代的租税，并追封贾恩为显亲左尉。

【原文】

会稽郭原平，父亡，为茔圹①凶功不欲假②人，己虽巧而不解③作墓，乃访邑中有茔墓者，助之运力④。经时⑤展勤，久乃闲练⑥。又自卖丁夫以供众费。窀穸⑦之事，俭而当礼，性无

《家范》的教育智慧

术学⑧，因心自然。葬毕，诣⑨所买主，执没无懈，与诸奴分务，让逸取劳，主人不忍使，每遣之。原平服勤，未尝暂替。佣赁⑩养母，有余聚以自赎。

【注释】

①茔圹：茔，坟墓。圹，墓穴。
②假：凭借，借助。
③不解：不懂，不明白。
④运力：用力，尽力。
⑤经时：历久。
⑥闲练：熟练，熟习。闲，通"娴"。
⑦窀穸：墓穴。
⑧术学：古代关于天文、历法等方面的学问。这里意指高深的学问。
⑨诣：前往，去到。
⑩佣赁：指受雇于人。

蔡顺拾葚供母

【译文】

会稽的郭原平，父亲去世，修造墓室不愿意用别人，但他自己虽然心灵手巧，却不会修造墓室，于是他寻找镇上专门营建墓室的匠人，帮人家干活，经过一段时间的勤学苦练，他终于学会了。他又出卖相当于十个劳动力的徭役，来解决为父亲下葬所需的费用。营造墓穴，应当既简单又符合礼仪，本来也没有什么学问，只要心诚，合乎礼法就可以。郭原平安葬父亲后，就去那些买他劳动力的买主家，非常勤恳地干活。他与那些和他一起干活的佣人

中国古代教育智慧

颜师古

颜师古（581年—645年），字籀，一说名籀，字师古，祖籍琅邪临沂（今山东临沂市）。唐代著名学者、文学家，以注《汉书》闻名。颜师古一生著述宏富，除曾协助孔颖达撰《五经正义》外，另有《急就章注》《医谬正俗》《新唐书·艺文志》著录有集六十卷，已散佚。《全唐文》辑录其文十九篇，《全唐诗》辑诗一首。

奴仆分工的时候，总是把轻松的活让给别人，自己选择累活。主人不忍心使用他，常常让他回去，但原平服役毫不懈怠，从没有让别人替代过。他靠为别人做佣人来养活母亲，如果生活有余，就赎回那些出卖的劳役。

【原文】

海虞令何子平，母丧去官①，哀毁②逾礼，每至哭踊③，顿绝方苏。属大明末，东土饥荒，继以师旅④，八年不得营葬。昼夜号哭，常如袒括⑤之日，冬不衣絮，暑不就清凉，一日以数合米为粥，不进盐菜。所居屋败，不蔽风日，兄子伯与欲为葺理⑥，子平不肯，曰："我情事⑦未伸，天地一罪人耳，屋何宜覆？"蔡兴宗为会稽太守，甚加矜赏，为营冢圹⑧。

【注释】

①去官：辞掉官职，离职。

②哀毁：指居亲丧悲伤异常而毁损其身。后常作居丧尽礼之辞。

③哭踊：丧礼仪节。边哭边顿足。《礼记·檀弓上》："夫礼，为可传也，为可继也；故哭踊有节。"颜师古注："踊，跳也。哀甚则踊。"

④师旅：指战事。

⑤袒括：古丧礼，死者已小敛，吊丧者袒衣括发而吊。

⑥葺理：修理。《后汉书·独行传·雷义》："后葺理屋宇，乃得之。"

⑦情事：事实，情况。

⑧冢圹：墓穴。

【译文】

海虞令何子平，母亲去世后，辞官居丧，他哀悼母亲都超过了常礼，每次哭丧的时候，他都昏死过去，好半天才能苏醒过来。这时正是大明末，东部地区闹饥荒，接着又是战乱，他八年都无法安葬母亲。这期间，他昼夜号哭，就好像在袒括期间一样。他冬天不穿棉衣，暑天不乘凉，每天仅吃很少的一点粥，不吃咸盐和蔬菜。他所住的房屋破败不堪，不能遮蔽风雨，他的侄儿伯与想为他修房，何子平不让修，说："我安葬母亲的事未完成，等于是一个有罪的人，怎么能住好房子呢？"这时蔡兴宗担任会稽太守，对他大加表彰和奖赏，并为他的母亲修建了墓室。

停丧

【原文】

新野庾霆丧父母，居贫无以葬，赁书①以营事，至手掌穿，然后成葬事。贤者于葬，何如其汲汲②也。今世俗信术者妄言，以为葬不择地③及岁月日时，则子孙不利，祸殃总至，乃至终丧④除服⑤，或十年，或二十年，或终身，或累世⑥，犹不葬，至为水火所漂焚，他人所投弃，失亡尸柩，不知所之者，岂不哀哉！人所贵有子孙者，为死而形体有所付也。而既不葬，则与无子孙而死道路者奚以异乎？《诗》云："行有死人，尚或墐之。"况为人子孙，乃

中国古代教育智慧

聂政刺韩王画像石

忍弃其亲而不葬哉?

【注释】

①赁书:受雇为人抄写。

②汲汲:形容急切的样子,急于得到。

③择地:选择处所。这里指选择适于安葬的地点。

④终丧:指服满父母去世后三年之丧。

⑤除服:脱去丧服。指不再守孝。《史记·刺客列传》:"久之,聂政母死,既已葬,除服。"

⑥累世:好几代,数代。

【译文】

新野的庾震父母亲去世,家里贫穷无法安葬,他就靠为别人写字挣钱安葬父母,他写得手掌都烂了,才凑够钱安葬了父母。那些贤达之人安葬去世的父母,竟是如此的心情急切,现在的那些信奉巫术的人胡说八道,认为安葬亡父亡母如果不占卜选择风水宝地和吉利的年、月、日与时辰,就对子孙不利,各种祸事都会一起来。这些人以致于三年服丧结束,除去孝服之后,有的十年,有的二十年,有的甚至终身、好几代,仍不去安葬死去的父母。搞得父母的遗体被水毁火焚,或者被别人抛弃,连尸首都找不着。岂不悲哀!人有子孙的好处就是为了在去世之后有人来安葬自己。既然不去安葬,那么与无子孙而死在野外无人收尸有什么区别呢？《诗经》说："路上如果碰到死去的人，还有人来掩埋他。"何况是做子孙的，怎么能抛弃自己的父母不去安葬呢？

及时当勉励，岁月待人

【原文】

《诗》云："题彼脊令①，载②飞载鸣，我日斯迈，而月斯征。夙兴夜寐③，无忝④尔所生。"

【注释】

①脊令：水鸟名。

②载：词缀。放在动词前边。

③夙兴夜寐：夙，早。兴，起来。寐，睡。早起晚睡，形容勤奋。

④忝：羞辱，愧对。

【译文】

《诗经》说："那脊令鸟啊，又飞又叫。我已经渐渐地老了，可你的岁月还很长。要早起晚睡辛勤劳作，不要有愧于你的一生。"

【原文】

《经》①曰：立身②行道，扬名于后世，以显父母，孝之终也。又曰：事亲者，居上不骄，为下不乱，在丑③不争。居上而骄则亡，为下而乱则刑，在丑而争则兵。三者不除，虽日用三牲④之养，犹为不孝也。

【注释】

①《经》：指《孝经》。

②立身：安身，存身。

③在丑：指身处逆境。

祭祖

④三牲：古时祭祀用的供品，分大三牲（猪、牛、羊）和小三牲（鸡、鸭、鱼）两种。

【译文】

《孝经》说：子女立身守志，遵守道德，扬名于后代，光宗耀祖，这才是孝顺父母的最高表现。又说：子女孝顺父母，表现在身居高位而不骄傲，处于下民的地位却不作乱，在逆境之中却不争斗。如果身居高位而骄傲就会自取灭亡，为下民而去作乱，就会受到惩处，身处逆境却要争斗，就会受到伤害。这三者不消除，即便你每天用牛、羊、猪肉等供养父母，还是属于不孝顺父母。

【原文】

《内则》①曰："父母虽没②，将为善，思贻父母令名③，必果；将为不善，思贻父母羞辱，必不果。"

【注释】

①《内则》：为《礼记》的第十二篇。内容为在家庭内部父子、男女所应遵行的规则。

②没：通"殁"。死。

③令名：好名声，美名。

【译文】

《内则》说："父母虽然去世，子女要做一件好事，想到这样会带给父母美名，就一定能做成；子女要做坏事的时候，想到这样会使

《家范》的教育智慧

父母蒙受羞辱,就会停下来不去做。"

【原文】

公明仪问于曾子曰:"夫子可以为孝乎?"曾子曰:"是何言欤!是何言欤!君子之所谓孝者,先意承志,谕父母于道。参直①养者也,安能为孝乎?"

【注释】

①直:只,仅仅。

【译文】

公明仪问曾子说:"您算得上是孝子吗?"曾子说:"这是什么话啊!这是什么话啊!古代的君子所说的孝子,父母没有发话就能知道父母的意思,而且能用道来引导父母,使父母明白更多的道理。我对父母,只是养老送终而已,怎么能称得上是孝子呢?"

曾子

【原文】

曾子曰:"身也者,父母之遗①体也。行父母之遗体,敢不敬乎?居处②不庄非孝也,事君不忠非孝也,莅官③不敬非孝也,朋友不信非孝也,战陈④无勇非孝也。五者不备,灾及其亲,敢不敬乎?亨⑤熟膻芗⑥,尝而荐之,非孝也。君子之所谓孝也,国人称愿,然曰:幸哉,有子如此!所谓孝也已。"为人子能如是,可谓之孝有终矣。

【注释】

①遗:给予,馈赠。

②居处:指平日的仪容举止。《论语·子路》:"居处恭,执事敬,与人忠,虽之夷狄

单衣顺母

不可弃也。"

③莅官：任官。

④战陈：通"战阵"。作战或比赛的阵势，战场阵地。

⑤亨：盛祭品之器形。

⑥膻芗：烧煮牛羊肉的气味。亦泛指牛羊肉。

【译文】

曾子说："身体，是父母所给的。对于父母遗留下来的身体，子女敢不恭敬对待吗？所以子女居家处事不庄重，就是不孝顺；侍奉君主不忠诚，就是不孝顺；做官不奉公守法，就是不孝顺；交友而不讲信用，就是不孝顺；在战场上不勇敢，就是不孝顺。不具备以上五种孝顺，灾祸将殃及父母，能不恭敬从事吗？亨熟膻芗，食物饮品，尝过之后献给父母，这算不上孝顺。君子所说的孝顺，指的是国人对父母称赞说：幸福啊，你有这样的子女！这才是所说的孝顺。"做为人的子女，能够做到这些，就可以称得上是为孝而能尽善尽美，善始善终。

【故事】

单衣顺母

孝敬老人是中华民族的传统美德之一，在

中国历史上，曾经出现过无数孝子贤孙，著名的"二十四孝"是其中的主要代表。下面是春秋时期闵子骞为后母求情、情感后母的故事。

闵损，字子骞，春秋末年鲁国人，曾拜孔子为师，孔子的弟子。是孔子弟子中著名的"七十二贤"之一。

闵子骞很小的时候，亲生母亲就去世了。父亲自己又经常外出，见子骞无人照料，便又续弦给儿子找了一个后母。

闵子骞单衣顺母

后母过门后，起初对子骞还可以。后来，后母又生了两个儿子，因偏爱自己生的儿子，并对子骞渐渐冷淡起来，有好吃的，就偷偷地给自己亲生的两个儿子吃，而不给闵子骞吃，还经常不让闵子骞吃饱饭。闵子骞对这些事情从不在意，也从来不和父亲讲。

有一年冬天，后母在做御寒衣的时候，给自己亲生的两个儿子做的是厚御寒衣，两个小孩子就算是在户外玩耍小脸也是红扑扑的。给闵子骞做的却是薄御寒衣，并且里面放的不能御寒的芦花。数九寒天，寒风刺骨，子骞经常被冻得四肢僵硬、脸色发紫。就是在这种极大的差别中，子骞也从来没有一点抱怨，也不向父亲说后母和弟弟们的不是。

有一天，闵子骞的父亲坐车外出办事，由

中国古代教育智慧

单衣顺母（石刻）

闵子骞兄弟三人拉车。这一天天气非常寒冷，北风呼啸，滴水成冰。闵子骞的衣服不能御寒，被冻得浑身颤抖，而他的两个弟弟，因为穿的是厚冬衣，加上拉车用力，头上直冒热汗。闵子骞的父亲看见闵子骞不断瑟瑟发抖，而他的两个弟弟头上直冒热汗，误认为闵子骞拉车偷懒不用力，于是跳下车来，用鞭子抽打他。闵子骞见父亲发怒，连忙跪在地上请求父亲原谅。可他父亲在盛怒之下毫不留情，把闵子骞的衣服都抽破了。衣服破了后，芦花飞了出来，闵子骞的父亲最初感到奇怪，等捡起芦花一看，才恍然大悟，原来自己的儿子正在挨冻！这样寒冷的天气，怎么能忍受的了呢。让孩子在三九天里受这样的冷冻，受这样的苦，是自己没有尽到做父亲的责任啊！这时，父亲也火冒三丈，没想到，同床共枕的妻子竟然这样恶劣，居然对一个孩子都如此狠毒。于是立刻返回家，把后母叫出来，气呼呼地说："我当初娶你，是为了使儿子有人照料。现在你却如此偏心，这样对待子骞。你可以走了，我马上写休书给你。"

闵子骞见父亲要休掉后母，就急忙跪在地上为后母求情，他哀求父亲说："母亲在家，只有我一个人寒冷，如果母亲离去，那么我们兄弟三人都不免受寒！"闵子骞说得婉转又合情理，父亲十分感动，便打消了休妻的念头。

后母听了闵子骞的话，非常惭愧，也明白自己做得不对。从此以后，她痛改前非，对闵子骞兄弟三人一视同仁。这正是：

闵氏有贤郎，何曾怨晚娘？

尊前贤母在，三子免风霜。

闵子骞长大之后，向孔子学习六艺。在学习中，闵子骞尊长爱幼，为人谦恭有礼，因而深受孔子的喜爱。孔子曾称赞闵子骞，说他上事父母，下睦兄弟，一举一动，没人能讲他的闲话。

子骞的孝敬、纯洁、淳厚、善良的天性挽救了一个家庭，也感化了身边的所有人。"母在一子寒，母去三子单"这句话，流传千古，让后代的人都来赞美子骞的孝心孝行。

母在一子单，母去三子寒

中国古代教育智慧

兄弟篇

卜式庙碑

【原文】

御史大夫卜式，本以田畜①为事②，有少弟。弟壮，式脱身出③，独取畜羊百余，田宅财物尽与弟。式入山牧④，十余年，羊致千余头，买田宅。而弟尽破其产，式辄⑤复分与弟者数⑥矣。

【注释】

①田畜：田，耕作。畜，饲养家畜。
②事：职业，生计。
③出：离开。
④牧：放牧。
⑤辄：立即，就。
⑥数：数次，几次。

【译文】

御史大夫卜式，一直靠种田、放牧为生。他有个小弟弟，弟弟长大后，卜式与弟弟分家另过，然而他只带走一百多只羊，家里的田地、房屋等财产他都给了弟弟。卜式独自进山放羊，十多年后，他的羊发展到千余只，他又买了田地、房院。可是弟弟却将家产挥霍一空，卜式又好几次分给弟弟田宅家产。

【原文】

隋吏部尚书牛弘弟弼，好①酒，酗②。尝③醉，射杀弘驾车牛。弘还④宅，其妻迎谓曰：

"叔⑤射杀牛。"弘闻,无所怪⑥问,直答曰:"作脯⑦。"坐定,其妻又曰:"叔忽射杀牛,大是异事!"弘曰:"已知。"颜色自若,读书不辍⑧。

【注释】

①好:喜好,嗜好。

②酗:无节制地喝酒。

③尝:曾经。

④还:返回,回到。

⑤叔:女性对其丈夫的弟弟的称呼。

⑥怪:责怪,责备。

⑦脯:制干肉。

⑧辍:中途停止,废止。

牛弘不问

【译文】

隋朝吏部尚书牛弘的弟弟牛弼喜欢喝酒,而且常撒酒疯。有一次喝醉酒,将牛弘驾车的牛用箭射死了。牛弘回家后,妻子迎上前对他说:"小叔子射死了咱家的牛。"牛弘听了,并没有责怪的话,只回答说:"拿去作干牛肉。"牛弘坐定后,妻子又说:"小叔子平白无故射死了牛,这不能算是件平常的事吧!"牛弘说:"我知道了。"他面不改色,继续读他的书。

【原文】

唐朝方节度使李光进,弟河东节度使光颜先娶妇,母委①以家事。及②光进娶妇,母已亡。光颜妻籍③家财,纳④管钥于光进妻。光进妻不受,曰:"娣妇⑤逮事⑥先姑⑦,且受先姑

中国古代教育智慧

李光进和李光颜的墓碑

之命,不可改也。"因相持而泣,卒⑧令光颜妻主之矣。

【注释】

①委:委托。
②及:等到。
③籍:登记。
④纳:缴纳。
⑤娣妇:兄妻称弟妻。《尔雅·释亲》:"长妇谓稚妇为娣妇。"
⑥事:侍奉,供奉。
⑦先姑:称丈夫的亡母。
⑧卒:最后。

【译文】

唐朔方节度使李光进,他的弟弟河东节度使李光颜先娶了媳妇,母亲就让光颜的妻子来管理家事。等到李光进娶媳妇的时候,母亲已经去世了。光进结婚后,光颜的妻子就登记家里的财产,然后将家里的钥匙交给嫂嫂。光进妻不接受,说:"你侍奉过婆婆,你就接受咱婆婆的委托吧,这不能改变。"说到这里,她们竟哭了起来。最后还是让光颜的妻子来管理家务。

【原文】

平章事韩滉,有幼子,夫人柳氏所生也。弟湟戏①于掌上,误②坠阶而死。滉禁约③夫人勿悲啼,恐伤叔郎④意。为兄如此,岂妻妾他人所能间⑤哉?

《家范》的教育智慧

【注释】

①戏：戏耍，玩耍。

②误：失误。

③禁约：禁止约束，管束。

④叔郎：丈夫的弟弟。

⑤间：挑拨，使人不和。

【译文】

平章事韩滉有个小儿子，是夫人柳氏所生。弟弟韩滉让他站在自己手掌上和他玩耍，不料小孩掉到台阶上摔死了。韩滉叫夫人不要伤心啼哭，以免让弟弟伤心。做哥哥的能这样对待弟弟，妻妾等人怎么能离间他们兄弟之间的感情呢？

【原文】

弟之事兄，主于敬爱。齐射声校尉刘琎，兄夜隔壁呼琎。琎不答，方下床着衣，立①，然后应。怪其久。琎曰："向②束带未竟③。"

刘琎束带

【注释】

①立：笔直的站立。

②向：刚才。

③竟：完成，结束。

【译文】

弟弟对兄长，主要是能敬重他、爱他。齐射声校尉刘琎，他哥哥夜里在隔壁喊，他先不答应，下床穿上衣服，端端正正地站好，然后才答应。哥哥怪他为什么那么久没答应，他

萧秀墓石刻

说:"刚才我还没有整装束带。"

【原文】

梁安成康王秀,于武帝布衣①昆弟②,及为君臣,小心畏敬,过③于疏贱者。帝益以此贤之。若此④,可谓能敬矣。

【注释】

①布衣:平民百姓。

②昆弟:兄和弟。比喻亲密友好。《礼仪·丧服》:昆弟,四体也,故昆弟之义无分。

③过:超过。

④若此:如此,像这样子。《吕氏春秋·察今》:"求剑若此,不亦惑乎。"

【译文】

梁安成康王秀跟武帝是平民兄弟,等到武帝即位后,他们成了君臣关系,秀对武帝小心侍候,常怀敬畏之心,他对武帝的敬畏超过了那些与武帝毫无瓜葛的人。武帝也更因此看重秀。像他们这样,可以说是兄弟之间能互相敬重了。

【原文】

后汉议郎郑均,兄为县吏,颇受礼遗①,均数谏止②,不听,即脱身为佣。岁余,得钱帛归,以与兄,曰:"物尽可复得。为吏坐赃,终身捐弃③。"兄感其言,遂为廉洁。均好义笃实④,养寡嫂孤儿,恩礼⑤甚至。

【注释】

①礼遗:指馈赠之物。

②止:停止。

③捐弃：抛弃。
④笃实：忠厚老实。
⑤恩礼：旧指尊上对下的礼遇。

【译文】

东汉议郎郑均，哥哥当县吏，经常接受些礼品，郑均多次劝谏哥哥不要这样，哥哥不听，于是他就去当佣人。过了一年多，他挣了些钱回来送给哥哥，并说："钱没了可以再挣，但当官如果贪赃枉法，就会受到惩处，一辈子都完了。"哥哥听了他的话非常感动，于是为官清正廉洁。郑均为人忠厚老实，哥哥死后，他养活寡嫂和哥哥的孤儿，恩礼备至。

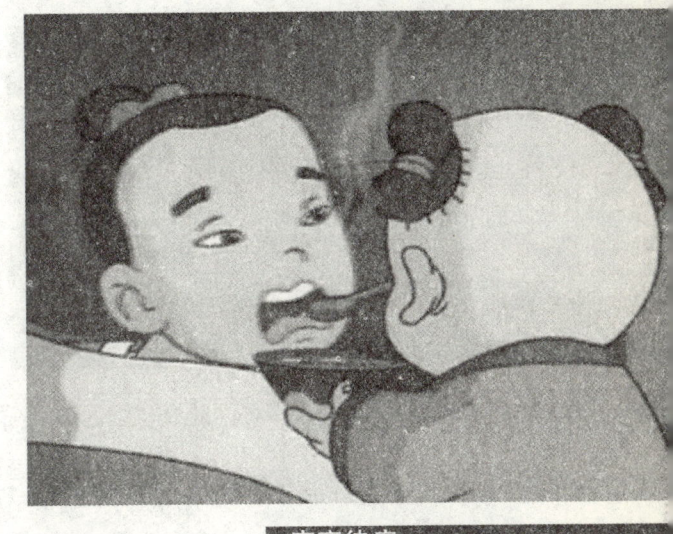

庾衮待疫

【原文】

晋咸宁中疫①颖川，庾衮二兄俱亡。次兄毗复危殆。疠气②方炽③，父母诸弟皆出次于外，衮独留不去。诸父兄强之，乃曰："衮性不畏病。"

遂亲自扶持，昼夜不眠。其间复抚柩哀临不辍。如此十有余旬，疫势既歇，家人乃反④。毗病得差⑤，衮亦无恙。父老咸⑥曰："异哉此子！守人所不能守，行人所不能行，岁寒然后知松柏之后凋，始知疫疠之不相染也。"

【注释】

①疫：发生瘟疫。
②疠气：能致疫病的恶气。

中国古代教育智慧

兄弟争死

③炽：凶猛，激烈。
④反：通"返"，返回。
⑤差：病愈。后作"瘥"。
⑥咸：都。

【译文】

西晋咸宁年间颍川发生瘟疫，庾衮的两个哥哥都死了，还有个哥哥庾毗也生命垂危。此时瘟疫正是最厉害的时候，父母及几个弟弟都居住在外，躲避瘟疫，庾衮独自留在家里，不肯离去。家里的人强迫他走，他说："我不怕染病。"他在家亲自侍候哥哥庾毗，昼夜不眠。期间他还为已死的两个哥哥守灵，从未停止过祭祀。这样过了一百多天，瘟疫渐渐没有了，家人才返回来。这时庾毗的病也好了，庾衮也安然无恙。

乡亲们都说："这个孩子真是不同寻常！能够坚守他人不能坚守的岗位，能做他人所不能做的事情，天气寒冷才知道松柏比其他树耐寒，而瘟疫也似乎不能传染给好人。"

【故事】

兄弟争死

汉朝的时候，有个人姓姜名肱。他有两个弟弟，一个叫姜仲海，另一个叫姜季江。

兄弟三人形影不离。天天在一起读书、下课又一起温习功课、玩耍、还一起帮家里做家务事。而且三个兄弟缝了一床大被每天都睡在一起。

或许我们会觉得，这种情形在幼年的时候才有可能发生，长大之后不可能，因为已经成家立业了。可是姜肱三兄弟长大之后感情依旧非常好，好到有时还三个人睡一块，这就真的非常难得。他们三兄弟能同一条被，这样到成家之后，感情还这么好，就突显他们三兄弟的确是一条心。

兄弟情感化强盗

有一次姜肱跟他的弟弟一同去京城，结果半夜路遇强盗。月光下，强盗面目狰狞，手里的匕首泛出幽幽寒光，看了直叫人打颤。强盗嚣张地晃着明晃晃的匕首一步步逼近抱在一起的两兄弟。突然，哥哥推开弟弟，走上前一步说："我弟弟还小，我是做哥哥的，我可以牺牲，我要挽救我的弟弟，希望你们放他一条生路。"这时，后面的弟弟也走上前来说道："不！你不可以伤害我哥哥，还是杀我吧！"兄弟俩都争着让对方活着，想到兄弟就要生离死别，俩人不禁抱在一起，痛哭流涕。

盗贼也不是铁石心肠，也是因饥寒才起的盗心。他深深地被兄弟俩的手足情感动了，讲到：我今天终于见到什么叫亲情了。于是抢了一些财物便匆匆离开了。兄弟二人到了京城里头去办事，有人见到姜肱衣冠不整，穿得很破烂，就问他：出了什么事，你会如此的落魄？但是姜肱用其他种种的言语，来掩饰他被抢的

中国古代教育智慧

姜肱大被

这一段经历，绝口不提被抢的这一段事。因为他深盼盗贼能悔改。

后来事情辗转传到盗贼那里，他听到姜肱被抢而不说，非常感激，悔恨交加。于是隔天就跑去拜见姜肱，亲自把抢来的财物还给了姜肱，并表明痛改之意。姜肱可以说仁慈到了极点，怎会不感化人？何况盗贼也是人啊！姜肱他这样的仁慈，这样爱人之心，实在是难能可贵。

兄弟能和睦相处，父母会感到高兴，而兄弟姐妹就好比是手足四肢一样，父母如同身躯，身躯与四肢能互相搭配，这样才是健全。这也就是平时所说的"骨肉是一体、手足是一体"的道理。所以自古以来，兄弟就要彼此相互友爱、相互提携，长大成人之后，更要相互的帮助。